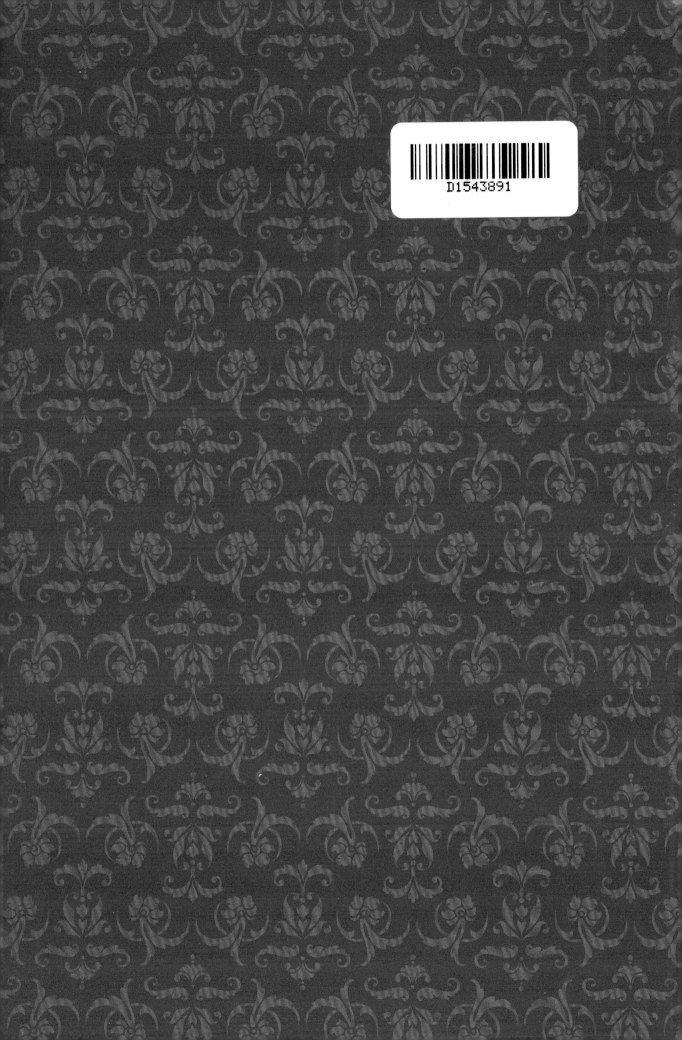

Éditrice : Caty Bérubé

Directrice de production : Julie Doddridge

Chef d'équipe rédaction/révision : Isabelle Roy
Chef d'équipe infographie : Lise Lapierre
Chef cuisinier : Richard Houde

Coordonnatrice à l'édition : Chantal Côté
Auteurs : Caty Bérubé, Richard Houde, Annie Lavoie et
Raphaële St-Laurent Pelletier.
Réviseures : Émilie Lefebvre et Raphaëlle Mercier-Tardif.
Concepteurs graphiques : Julie Auclair, Paul Francœur, Marie-Christine Langlois,
Ariane Michaud-Gagnon et Claudia Renaud.
Infographiste Web et imprimés : Mélanie Duguay
Spécialiste en traitement d'images et calibration photo : Yves Vaillancourt
Photographes : Sabrina Belzil, Rémy Germain et Martin Houde.
Stylistes culinaires : Louise Bouchard et Christine Morin.

Directeur de la distribution : Marcel Bernatchez
Distribution : Éditions Pratico-Pratiques et Messageries ADP.

Impression : Solisco

Dépôt légal : 4e trimestre 2013
Bibliothèque et Archives nationales du Québec
Bibliothèque et Archives Canada
ISBN 978-2-89658-615-8

Gouvernement du Québec - Programme de crédit d'impôt pour l'édition de livres - Gestion SODEC

1685, boulevard Talbot, Québec (QC) G2N 0C6
Tél. : 418 877-0259. Sans frais : 1 866 882-0091
Téléc. : 418 849-4595
www.pratico-pratiques.com

Commentaires et suggestions : info@pratico-pratiques.com

Les plaisirs gourmands de Caty

Gratins

Du réconfort plein l'assiette !

P Pratico
pratiques

Table des matières

Mes plaisirs gourmands
Ce soir, on se gâte !

Mmmmm… Quel bonheur que d'entrouvrir le four et de sentir l'odeur qui se dégage d'un savoureux gratin ! On ne l'a pas encore goûté que déjà, le plaisir est commencé ! La simple vue de la couche de fromage qui change de couleur sous le gril suffit à nous mettre l'eau à la bouche.

Afin de vous gâter, notre équipe a pensé vous préparer un concentré de réconfort : 100 recettes de gratins, toutes illustrées par une photo à faire saliver ! Vous y découvrirez des mets à base de légumes, de pâtes, de viande, de poisson et de fruits de mer. Des plats réconfortants au quotidien, des soupes, des petites bouchées, des sandwichs gratinés et même des desserts, sans compter une section mettant en vedette sept versions du classique gratin dauphinois.

Après un lundi chargé au bureau ou un samedi consacré aux corvées de saison, les gratins sont toujours les bienvenus : quelle belle façon de récompenser nos efforts !

Allez, gâtez-vous !

Caty

Succulents gratins

Les gratins font partie de ces petites gourmandises que l'on s'offre pour se gâter. Qu'ils soient à base de viande, de volaille, de poisson, de fruits de mer, de pâtes ou de légumes, ils présentent une croûte bien dorée qui ne demande qu'à craquer sous la dent. Merveilleux plats tout-en-un, ils se prêtent autant aux soupers conviviaux qu'aux repas pressés. Et que dire de la sensation de réconfort qu'ils procurent ?

Si les gratins sont surtout populaires en plat principal, il ne faut cependant pas se limiter ! Pour de succulentes bouchées à l'apéro, en entrée, en accompagnement et même en dessert, le fromage gratiné se prête à presque tous les types de mets.

Ces plats qui font habituellement le bonheur des enfants présentent aussi l'avantage d'être généralement tout-en-un : les légumes cuisent en même temps que la viande ou le poisson et les quatre groupes du *Guide alimentaire canadien* sont souvent réunis. Que demander de plus ?

Découvrez dans les pages qui suivent tous les petits trucs qui font d'un simple gratin un plat divin !

L'abc d'un gratin réussi

1 Pour une couche de fromage alléchante à souhait, privilégiez les fromages à pâte ferme. Ils résistent aux températures élevées, car leurs protéines ne se séparent pas de leurs matières grasses. Attention aux fromages allégés, qui ne contiennent pas assez de matières grasses pour réussir de beaux gratins. Évitez également les fromages qui renferment beaucoup d'humidité (feta, ricotta, cottage, halloumi); ils ne formeront pas une belle croûte dorée.

2 Laissez reposer votre gratin de pâtes une dizaine de minutes après sa sortie du four. Il aura une meilleure consistance et donc, une meilleure tenue!

3 Faites cuire vos légumes et vos pâtes avant de les intégrer à votre gratin, mais attention de ne pas trop les cuire! Leur cuisson se complètera dans le gratin.

4 Pour éviter les gratins détrempés, prenez soin d'extraire le plus d'eau possible de vos légumes, particulièrement s'ils sont surgelés. Pour que votre gratin ait davantage de consistance, vous pouvez même saupoudrer vos légumes d'un peu de farine.

5 Si, à mi-cuisson, votre gratin semble trop sec, ajoutez quelques gouttes de lait chaud afin de l'attendrir. Sa texture sera plus onctueuse.

6 Pour des arômes subtils dans chaque bouchée, frottez le fond de votre plat avec la moitié d'un oignon vert, d'une gousse d'ail ou d'un morceau de gingembre. À essayer sans retenue!

Vrai ou faux ?

Le fromage constipe.

Faux. Aucune étude scientifique n'a démontré que la consommation de fromage peut occasionner des problèmes de constipation. Le ralentissement du transit digestif serait plutôt la conséquence d'une hydratation insuffisante, d'un faible apport en fibres, d'un manque d'activité physique ou tout simplement du stress. Il n'y a donc aucune raison de se priver de cet aliment nourrissant et polyvalent!

LES BONS FROMAGES FONT LES BEAUX GRATINS

Lorsque vous pensez «gratin», c'est mozzarella ou cheddar qui vous vient à l'esprit? Pour briser la routine, essayez d'autres fromages à pâte dure: parmesan, emmenthal, gruyère, Monterey Jack, Oka… Voici nos suggestions!

		Goût	Texture
Parmesan		Fruité avec un piquant unique	Friable et granuleuse, mais fondante
Emmenthal		Léger goût de noisette	Ferme et souple
Gruyère		Goût corsé	Ferme
Monterey Jack		Saveur douce, à peine acidulée, arômes très légers de noisette	Homogène, souple et moelleuse
Oka		Douce saveur fruitée et petit goût de noisette	Demi-ferme, fond facilement
Gouda		Parfum léger de lait, de beurre et de noix	Texture ferme, légèrement élastique

Tout sur le fromage !

Ajouter du fromage sur nos plats, ça n'apporte pas que du bonheur : c'est aussi un bon moyen de consommer des produits laitiers et de combler une partie de nos besoins en vitamines et minéraux. Selon le *Guide alimentaire canadien*, il faudrait consommer l'équivalent de deux à quatre portions de produits laitiers par jour. Le fromage contribue notamment à une saine gestion du poids en améliorant la satiété. Vous pouvez donc manger des plats gratinés sans craindre d'effets néfastes sur votre santé : tout est question d'équilibre et de modération !

• Le fromage et les protéines

Le fromage est idéal pour compléter les repas faibles en protéines (salade, soupe, sandwich…), car il en fournit environ 12 g par portion de 50 g (à peu près la grosseur de deux gommes à effacer ou d'un demi-jeu de cartes).

• Des dents en santé

Source de calcium, de phosphore, de protéines et de matières grasses, le fromage a des propriétés anticaries. Ses protéines et matières grasses permettent de diminuer l'acidité des aliments plus sucrés, tandis que le calcium et le phosphore contribuent à la minéralisation de l'émail, protégeant ainsi les dents.

• La croûte des fromages est-elle comestible ?

La croûte de la plupart des fromages est comestible. Toutefois, les couches de cire ou de paraffine qui couvrent certains fromages (gouda, edam, mimolette) sont impropres à la consommation. Il est important de savoir que la croûte des fromages contient des bactéries; les personnes ayant un système immunitaire affaibli devraient donc éviter d'en manger.

UN GRATIN RAPIDO PRESTO

Pour gagner de précieuses minutes lorsque vient le temps de cuisiner un gratin, utilisez du fromage déjà râpé. Vous pouvez bien sûr l'acheter tel quel au supermarché, mais vous pouvez également râper vous-même une grosse brique de fromage et conserver le tout au congélateur jusqu'à six mois. Pour ce faire, il suffit d'envelopper le fromage râpé dans une feuille de papier d'aluminium puis de le déposer dans un sac de congélation hermétique.

DU FROMAGE CROUSTILLANT, S'IL VOUS PLAÎT !

Vous voulez rendre la croûte de votre gratin plus épaisse ou plus ferme ? Mélangez de la chapelure à votre fromage ! La croûte ainsi formée sera plus consistante et aura une plus belle coloration. Vous pouvez également ajouter des biscuits soda concassés pour encore plus de croquant à se mettre sous la dent !

Le saviez-vous ?

HOP, À LA MIJOTEUSE !

Pour les soupers pressés, saviez-vous qu'il est possible de cuisiner vos gratins à la mijoteuse ? La préparation ne demande que quelques minutes et vous pouvez partir au boulot l'esprit tranquille en laissant votre souper cuire lentement. Malgré ce que l'on pourrait penser, le fromage ne fera pas que fondre dans la mijoteuse : il prendra une belle couleur et deviendra croustillant. Si, lorsque vous soulevez le couvercle, vous n'êtes pas satisfait du résultat, il est toujours possible de prolonger la cuisson de quelques minutes à température élevée. Quel plaisir en revenant à la maison que de sentir l'odeur alléchante de ce repas réconfort prêt à servir !

Les bons plats

Pour réussir un beau gratin, il faut choisir le bon plat de cuisson ! Privilégiez-le en céramique, en verre ou en fonte émaillée pour un meilleur résultat. Les plats rectangulaires permettent d'obtenir de 6 à 8 portions et sont parfaits pour les lasagnes. Pour les gratins généreux en sauce, on préfère les plats à larges rebords, de forme ronde ou carrée.

Matériau	Atouts
Céramique (avec base émaillée)	• Résiste aux taches • Offerte en plusieurs formats et couleurs • Limite l'évaporation • Belle présentation à table
Verre borosilicate (de type Pyrex)	• Plus facile à nettoyer que la céramique • Offert en plusieurs formats • Répartit uniformément la chaleur • Étant transparent, on peut surveiller la cuisson
Fonte émaillée	• Résiste aux taches • Offerte en plusieurs formats et couleurs • Répartit uniformément la chaleur • Idéale pour saisir la viande sur la cuisinière avant le passage au four • Longue durée de vie

LE GRATIN DAUPHINOIS

Choisir les bonnes pommes de terre

Pour préparer des plats à base de pommes de terre inspirés du gratin dauphinois, on ne sait pas toujours quelle variété utiliser. Choisissez des pommes de terre à la chair ferme et jaune, bien équilibrées en amidon. En effet, c'est l'amidon contenu dans les pommes de terre qui sert de liant, et non les œufs ou le fromage. Il faut donc éviter de rincer les pommes de terre après qu'elles aient été tranchées. Pour réaliser ce grand classique culinaire, privilégiez les Yukon Gold, les Russet, les Idaho, les pommes de terre blanches longues ou les jaunes, qui font de meilleurs gratins.

Soupes et bouchées gourmandes

Pour une entrée en matière aussi séduisante que nourrissante, les bouchées aux saveurs raffinées généreusement couvertes de fromage gratiné sont irrésistibles! Tout comme les soupes, si réconfortantes, dans lesquelles on plonge notre cuillère avec grand plaisir pour découvrir des ingrédients savoureux sous le fromage grillé.

Huîtres gratinées au sabayon

Préparation : **30 minutes** • Quantité : **4 portions (16 huîtres)**

16 huîtres Malpèque
ou Caraquet
....
160 ml (²/₃ de tasse)
de cidre
....
6 jaunes d'œufs
....
60 ml (¼ de tasse)
de crème champêtre 15 %
....
30 ml (2 c. à soupe)
d'estragon frais haché
....
Sel et poivre au goût
....
250 ml (1 tasse) de gros sel
....

1. Rincer les huîtres sous l'eau froide. Ouvrir les huîtres et détacher la coquille supérieure.

2. Au-dessus d'une casserole, filtrer l'eau des huîtres à l'aide d'une passoire fine. Ajouter le cidre à l'eau des huîtres et porter à ébullition. Chauffer à feu moyen 3 minutes, jusqu'à ce que le liquide ait réduit du quart.

3. Dans une autre casserole, fouetter les jaunes d'œufs à feu doux 1 minute, jusqu'à ce qu'ils deviennent mousseux.

4. Incorporer graduellement le mélange au cidre en filet, en fouettant constamment pendant 3 minutes.

5. Incorporer la crème et l'estragon en fouettant. Assaisonner.

6. Sur une plaque de cuisson, étaler le gros sel en une couche uniforme et y déposer les huîtres. Répartir la préparation sur les huîtres.

7. Faire gratiner au four à la position « gril » (*broil*) de 2 à 3 minutes.

Le saviez-vous ?

Qu'est-ce qu'un sabayon ?

Un sabayon est une préparation culinaire d'origine italienne habituellement faite à base de jaunes d'œufs, de sucre et d'un liquide souvent alcoolisé. Il est obtenu en incorporant le sucre et la boisson aux œufs à l'aide d'un fouet, jusqu'à l'obtention d'une texture mousseuse.
Le sabayon peut être servi chaud ou tiède. Il existe en version sucrée ou plus salée pour accompagner différents plats, de l'entrée au dessert.

Escargots à l'ail gratinés

Préparation : **15 minutes** • Cuisson : **5 minutes** • Quantité : **4 portions**

1 boîte d'escargots de 125 g
....

45 ml (3 c. à soupe) de beurre
....

1 tomate coupée en dés
....

10 ml (2 c. à thé) d'ail haché
....

60 ml (¼ de tasse) de persil
frais haché
....

Sel et poivre au goût
....

375 ml (1 ½ tasse) de fromage
suisse râpé
....

1. Rincer et égoutter les escargots.

2. Dans une poêle, faire fondre le beurre
à feu doux-moyen. Cuire les escargots
de 2 à 3 minutes.

3. Ajouter la tomate, l'ail et le persil. Assaisonner. Cuire 1 minute.

4. Répartir les escargots dans des ramequins.
Parsemer de fromage.

5. Cuire au four à la position « gril » (*broil*)
de 2 à 3 minutes.

Le saviez-vous ?

D'où viennent les escargots ?

Les escargots comestibles sont ceux issus de l'héliciculture, soit
l'élevage en escargotière, parce que leur alimentation est contrôlée.
Ce mollusque, classique de la cuisine française, est traditionnellement
servi dans sa coquille avec un beurre persillé ; c'est le fameux « escargot de Bourgogne » (qui est aussi le nom d'une variété d'escargots
comestibles). Malgré tous ses avantages (source de fer, de magnésium
et de vitamine B12, faible en gras, riche en protéines), l'escargot est
souvent un plaisir coupable, car on le sert habituellement bien
arrosé de beurre ou encore gratiné. Saviez-vous que le plat en
porcelaine à petites cavités dans lequel on sert généralement
les escargots est aussi appelé « escargotière » ?

Pizzas apéritives pommes et Oka

Préparation : 30 minutes • **Cuisson : 20 minutes**
Quantité : 12 mini-pizzas de 7,5 cm (3 po) chacune

1 boule de pâte à pizza
du commerce de 250 g
....
80 ml (⅓ de tasse)
de crème sure
....
2 pommes (Cortland,
Empire, Délicieuse jaune)
....
80 ml (⅓ de tasse)
de pacanes hachées
....
6 tranches de fromage
Oka raclette, coupées
en deux
....
10 ml (2 c. à thé)
de thym frais haché
....
Poivre au goût
....
45 ml (3 c. à soupe)
de sirop d'érable
....

1. Préchauffer le four à 205 °C (400 °F).

2. Sur une surface farinée, abaisser la pâte
en un grand cercle. À l'aide d'un emporte-
pièce, tailler la pâte en 12 cercles de 7,5 cm
(3 po) de diamètre. Déposer les cercles
sur une plaque de cuisson tapissée
d'une feuille de papier parchemin.

3. Répartir la crème sure sur les cercles
de pâte en laissant un pourtour libre
d'environ 1 cm (½ po).

4. Émincer les pommes. Sur chaque pizza,
disposer quelques tranches en éventail.
Garnir de pacanes et couvrir d'une tranche
de fromage Oka. Parsemer de thym et saupoudrer de poivre.

5. Cuire au four 20 minutes, jusqu'à ce
que le contour de la pâte soit doré.

6. Au moment de servir, verser un filet
de sirop d'érable sur chaque pizza.

Endives au gratin de fromage suisse

Préparation : **12 minutes** • Cuisson : **35 minutes** • Quantité : **4 portions**

8 endives
....
15 ml (1 c. à soupe)
de sucre
....
15 ml (1 c. à soupe)
d'huile d'olive
....
2 citrons (jus)
....
Sel et poivre au goût
....
8 tranches de capicolli
....
60 ml (¼ de tasse)
de beurre
....
60 ml (¼ de tasse)
de farine
....
1 litre (4 tasses) de lait
....
250 ml (1 tasse) de
fromage suisse râpé
....

1. Dans une casserole, déposer les endives
puis couvrir d'eau. Ajouter le sucre, l'huile
et le jus de citron. Assaisonner. Couvrir
et cuire de 15 à 20 minutes.

2. Préchauffer le four à 205 °C (400 °F).

3. La cuisson des endives terminée, égoutter
en pressant pour enlever l'excédent d'eau.
Enrouler chaque endive dans une tranche
de capicolli et déposer dans un plat allant
au four.

4. Dans une casserole, faire fondre le beurre
à feu moyen. Ajouter la farine et chauffer
1 minute. Verser le lait froid. Assaisonner.
Porter à ébullition en fouettant constamment.

5. Napper les endives de ce mélange
et couvrir de fromage. Cuire au four
de 20 à 30 minutes.

Bruschettas au dindon

Préparation : **10 minutes** • Cuisson : **10 minutes** • Quantité : **4 portions**

30 ml (2 c. à soupe)
d'huile d'olive
....
2 gousses d'ail émincées
....
8 tranches de pain
baguette
....
2 tomates coupées
en dés
....
180 ml (¾ de tasse)
de dindon cuit et coupé
en petits dés
....
250 ml (1 tasse)
de mozzarella râpée
....
5 ml (1 c. à thé) de basilic
séché ou 4 feuilles
de basilic hachées
....
Sel et poivre au goût
....

1. Préchauffer le four à 180 °C (350 °F).

2. Dans un bol, mélanger l'huile avec l'ail.
Badigeonner les tranches de pain avec
ce mélange, puis déposer les pains sur
une plaque de cuisson. Faire brunir légèrement au four de 5 à 8 minutes.

3. Pendant ce temps, mélanger les dés
de tomates avec le dindon, le fromage,
le basilic et le poivre. Étendre ce mélange
sur les croûtons. Faire griller au four
de 4 à 5 minutes, jusqu'à ce que le fromage
soit fondu et légèrement gratiné.

Bouchées croquantes au gorgonzola, poires et bacon

Préparation : **20 minutes** • Cuisson : **4 minutes** • Quantité : **12 bouchées**

4 tranches de bacon

2 poires

15 ml (1 c. à soupe)
de beurre

1 à 2 pincées de cannelle

5 ml (1 c. à thé)
de cassonade

Sel et poivre au goût

12 mini-chips de tortillas
en forme de coupelles
(de type Scoops
de Tostitos)

100 g de gorgonzola
coupé en dés

1. Préchauffer le four à 180 °C (350 °F).

2. Déposer les tranches de bacon dans
une assiette. Couvrir d'une feuille de papier
absorbant et cuire au micro-ondes. Éponger
l'excédent de gras avec du papier absorbant
puis émietter les tranches de bacon.

3. Peler et couper les poires en dés.

4. Dans une poêle, faire fondre le beurre
à feu moyen. Saisir les poires et le bacon
de 1 à 2 minutes. Saupoudrer de cannelle,
de cassonade, de sel et de poivre.

5. Répartir la préparation aux poires
et bacon dans les coupelles. Garnir chacune
des portions de dés de gorgonzola.

6. Déposer les bouchées sur une plaque
de cuisson et cuire au four de 4 à 5 minutes,
jusqu'à ce que le fromage soit fondu.

Soupe à l'oignon et à la courge gratinée

Préparation : **25 minutes** • Cuisson : **20 minutes** • Quantité : **4 portions**

POUR LA SOUPE :

30 ml (2 c. à soupe) de beurre
....
15 ml (1 c. à soupe) d'huile de canola
....
4 oignons (de type Vidalia ou espagnol, de préférence), émincés
....
30 ml (2 c. à soupe) de farine
....
1 bouteille de bière blonde de 355 ml
....
1 litre (4 tasses) de bouillon de bœuf
....

10 ml (2 c. à thé) de thym frais haché
....
1 feuille de laurier
....
Sel et poivre au goût
....
375 ml (1 ½ tasse) de courge Butternut coupée en petits dés
....

POUR LA GARNITURE :

½ pain baguette
....
150 g de fromage Le Fin Renard, râpé
....

1. Dans une casserole, faire fondre le beurre avec l'huile à feu doux-moyen. Cuire les oignons de 8 à 10 minutes en remuant de temps en temps, jusqu'à ce qu'ils soient dorés.

2. Saupoudrer de farine et remuer. Ajouter la bière, le bouillon et les fines herbes. Assaisonner et porter à ébullition à feu moyen. Couvrir et laisser mijoter 5 minutes à feu moyen.

3. Ajouter la courge et prolonger la cuisson de 5 à 8 minutes.

4. Couper la baguette en 8 tranches de 3 cm (1 ¼ po) d'épaisseur. Faire dorer les tranches de pain 1 minute de chaque côté à la position « gril » (*broil*).

5. Verser la soupe dans quatre bols allant au four. Répartir les croûtons et le fromage sur chacune des portions. Faire gratiner au four à la position « gril » (*broil*) de 2 à 3 minutes.

Soupe à l'oignon gratinée classique

Préparation : **25 minutes** • Cuisson : **40 minutes** • Quantité : **de 4 à 6 portions**

30 ml (2 c. à soupe)
de beurre
....

30 ml (2 c. à soupe)
d'huile de canola
....

6 oignons émincés
....

60 ml (¼ de tasse)
de farine
....

125 ml (½ tasse)
de vin blanc
....

1,5 litre (6 tasses)
de bouillon de bœuf
ou de poulet
....

1 tige de thym
....

1 feuille de laurier
....

Sel et poivre au goût
....

4 à 6 tranches de pain
baguette
....

250 ml (1 tasse)
de gruyère râpé
....

1. Dans une casserole, faire fondre le beurre avec l'huile. Faire revenir les oignons à feu doux de 15 à 20 minutes. Remuer afin que les oignons ne collent pas à la casserole.

2. Ajouter la farine en remuant. Sans cesser de remuer, verser le vin et le bouillon. Ajouter le thym, le laurier et l'assaisonnement. Cuire à feu très doux de 25 à 30 minutes.

3. Déposer les tranches de pain sur une plaque de cuisson et faire dorer au four de chaque côté à la position «gril» (*broil*).

4. Répartir la soupe dans des bols à gratin. Déposer un croûton sur chaque portion et garnir de fromage râpé. Faire gratiner au four à la position «gril» (*broil*).

Si réconfortant !

Quel bonheur de cuisiner de délicieux gratins ! Avec leur belle consistance, leur parfum goûteux et leur texture riche, ils offrent un réconfort incroyable ! Découvrez des recettes à déguster au quotidien, le cœur bien au chaud.

Mini-pains de viande gratinés

Préparation : **10 minutes** • Cuisson : **20 minutes** • Quantité : **4 portions**

500 g (environ 1 lb)
de veau haché mi-maigre
....
45 ml (3 c. à soupe) de ketchup
....
80 ml (⅓ de tasse)
de germe de blé
....
1 œuf battu
....
1 oignon haché
....
375 ml (1 ½ tasse)
de sauce tomate
....
60 ml (¼ de tasse)
de basilic frais haché
....
Sel et poivre au goût
....
375 ml (1 ½ tasse)
de Monterey Jack râpé
....

1. Préchauffer le four à 230 °C (450 °F).

2. Dans un bol, mélanger le veau haché avec le ketchup, le germe de blé, l'œuf battu, l'oignon et 125 ml ($\frac{1}{2}$ tasse) de sauce tomate. Ajouter le basilic, le sel et le poivre.

3. Huiler huit petits moules à pain de 10 cm x 6 cm (4 po x 2 $\frac{1}{2}$ po) ou les alvéoles d'un moule à muffins. Répartir la préparation dans les moules. Napper avec le reste de la sauce tomate et parsemer de fromage.

4. Cuire au four 20 minutes.

J'aime avec...

Brocofleur à l'huile parfumée

Dans une casserole d'eau bouillante salée, faire blanchir un brocofleur taillé en petits bouquets 3 minutes. Égoutter. Dans une poêle, chauffer 30 ml (2 c. à soupe) d'huile d'olive à feu moyen. Ajouter de 1 à 2 pincées de flocons de piment et 2,5 ml ($\frac{1}{2}$ c. à thé) de curcuma. Cuire 30 secondes et ajouter le brocofleur. Saler, poivrer et cuire de 1 à 2 minutes.

Nachos suprêmes aux crevettes et mangue

Préparation : **20 minutes** • Cuisson : **15 minutes** • Quantité : **4 portions**

300 g (500 ml) de crevettes nordiques
....
30 ml (2 c. à soupe) de coriandre fraîche hachée
....
2 tomates
....
1 poivron rouge
....
1 mangue
....
3 oignons verts
....
1 sac de nachos de 310 g
....
125 ml (½ tasse) d'olives noires tranchées
....
500 ml (2 tasses) de fromage tex-mex râpé
....

POUR GARNIR :

125 ml (½ tasse) de crème sure
....
250 ml (1 tasse) de salsa douce ou piquante
....

1. Préchauffer le four à 205 °C (400 °F).

2. Dans un bol, mélanger les crevettes avec la coriandre.

3. Couper les tomates, le poivron et la mangue en dés. Émincer les oignons verts.

4. Répartir les nachos dans un grand plat de cuisson ou dans quatre petits ramequins. Garnir de tomates, de poivron, de mangue, d'oignons verts et d'olives. Ajouter les crevettes et couvrir de fromage.

5. Cuire au four 15 minutes, jusqu'à ce que le fromage soit doré. Servir avec la crème sure et la salsa.

J'aime parce que...
Ça fait changement des nachos traditionnels

Des crevettes et de la mangue… Voilà les ingrédients parfaits pour réinventer vos nachos ! Ils apportent une touche de fraîcheur, sans oublier que les crustacés fournissent des protéines. Ce plat original et nourrissant ravira certainement le palais de vos invités !

Gratin de légumes, sauce béchamel au tofu soyeux

Préparation : **30 minutes** • Cuisson : **20 minutes** • Quantité : **4 portions**

½ brocoli taillé
en bouquets
....
½ chou-fleur taillé
en bouquets
....
3 carottes coupées
en rondelles
....
1 paquet de tofu
soyeux de 350 g
....
250 ml (1 tasse)
de lait
....
3 pincées de muscade
....
Sel et poivre au goût
....
45 ml (3 c. à soupe)
de beurre
....
1 oignon haché
....
5 ml (1 c. à thé) d'ail haché
....
30 ml (2 c. à soupe) de farine
....
250 ml (1 tasse)
de chapelure panko
....
80 ml (⅓ de tasse)
de parmesan râpé
....

1. Dans une casserole d'eau bouillante salée, cuire le brocoli, le chou-fleur et les carottes 5 minutes. Égoutter.

2. Pendant ce temps, dans le contenant du mélangeur, émulsionner le tofu avec le lait et la muscade. Assaisonner.

3. Préchauffer le four à 190 °C (375 °F).

4. Dans une casserole, faire fondre le beurre à feu moyen. Cuire l'oignon avec l'ail de 1 à 2 minutes. Ajouter la farine et remuer. Verser la préparation au tofu. Porter à ébullition à feu moyen en fouettant.

5. Incorporer les légumes puis transférer la préparation dans un plat de cuisson carré de 20 cm (8 po) ou dans quatre ramequins.

6. Dans un bol, mélanger la chapelure avec le parmesan puis en parsemer le gratin.

7. Cuire au four 20 minutes.

J'aime parce que...

Le tofu, ni vu ni connu

Voilà un gratin végé réconfortant qui fait changement ! À la fois sain et gourmand, le tofu soyeux joue ici à cache-cache dans cette sauce béchamel crémeuse. Sa texture lisse, similaire à celle d'un flan, confère une belle onctuosité à la sauce. Grâce aux protéines de haute qualité fournies par le tofu, ce plat s'avère très nourrissant. N'hésitez pas à varier les légumes (courgettes, aubergines, choux de Bruxelles, pois verts…) ou à intégrer un reste de pâtes cuites. Dénichez le tofu soyeux au comptoir réfrigéré des fruits et légumes.

Gratin de légumes et jambon

Préparation : **15 minutes** • Cuisson : **10 minutes** • Quantité : **4 portions**

350 g de pommes de terre grelots coupées en quatre
....
1 carotte émincée
....
250 ml (1 tasse) de brocoli coupé en petits bouquets
....
45 ml (3 c. à soupe) de beurre
....
125 ml (½ tasse) de bouillon de poulet
....
250 ml (1 tasse) de jambon cuit et coupé en dés
....
Sel et poivre au goût
....
375 ml (1 ½ tasse) de mélange de fromages italiens râpés
....
80 ml (⅓ de tasse) de chapelure nature
....

1. Dans une casserole d'eau bouillante salée, cuire les pommes de terre et la carotte 8 minutes. Ajouter les morceaux de brocoli et prolonger la cuisson de 3 minutes. Égoutter les légumes.

2. Remettre les légumes dans la casserole. Ajouter le beurre, le bouillon et le jambon. Assaisonner puis remuer.

3. Préchauffer le four à 190 °C (375 °F).

4. Répartir la préparation dans quatre ramequins ou dans un plat de cuisson de 20 cm (8 po).

5. Mélanger le fromage avec la chapelure, puis répartir ce mélange sur la préparation de légumes et jambon.

6. Cuire au four 10 minutes, jusqu'à ce que le fromage soit doré.

J'aime parce que...
C'est parfait pour utiliser les restes !

Dans cette recette, nous avons utilisé des cubes de jambon et du brocoli. Pour varier le menu, on aurait également pu remplacer ces ingrédients par du poulet cuit, du porc, des charcuteries et par différents légumes (asperges, poireaux, poivrons, choux de Bruxelles, etc.). Une bonne façon d'éviter le gaspillage et de concocter de délicieux « touski » !

Gratin de poulet et macédoine

Préparation : **15 minutes** • Cuisson : **15 minutes** • Quantité : **4 portions**

605 g (1 ⅓ lb) de poitrines
de poulet, sans peau

15 ml (1 c. à soupe) d'huile
de canola

500 ml (2 tasses) de macédoine
de légumes surgelés

1 ½ contenant de fromage
crémeux ail et fines herbes
(de type Boursin Cuisine)
de 245 g chacun

125 ml (½ tasse) de lait

310 ml (1 ¼ tasse) de riz cuit

250 ml (1 tasse)
de cheddar râpé

1. Couper les poitrines de poulet en dés. Dans une poêle, chauffer l'huile à feu moyen. Saisir les dés de poulet de 3 à 4 minutes.

2. Ajouter la macédoine et remuer jusqu'à ce que les légumes soient dégelés.

3. Préchauffer le four à 205 °C (400 °F).

4. Ajouter le fromage crémeux et le lait, puis porter à ébullition à feu moyen-élevé en remuant. Incorporer le riz puis retirer du feu.

5. Répartir la préparation dans un plat de cuisson carré de 20 cm (8 po) ou dans quatre ramequins. Couvrir de cheddar râpé.

6. Faire gratiner au four de 15 à 20 minutes.

Le saviez-vous ?

La différence entre les fromages jaune et blanc

Certains fromages, comme le cheddar, sont offerts en jaune ou en blanc. La différence entre les deux versions ? Quasi inexistante ! Le fromage jaune contient exactement les mêmes ingrédients que le fromage blanc, auxquels on a ajouté un colorant alimentaire.

Pâtés au poulet gratinés

Préparation : **25 minutes** • Cuisson : **25 minutes** • Quantité : **4 portions**

POUR LA PURÉE :

4 à 5 pommes de terre

Sel et poivre au goût

60 ml (¼ de tasse)
de lait chaud

250 ml (1 tasse)
de gruyère râpé

Paprika au goût

POUR LA SAUCE :

45 ml (3 c. à soupe)
de beurre

1 oignon haché

8 champignons émincés

1 carotte coupée en dés

60 ml (¼ de tasse)
de farine

375 ml (1 ½ tasse)
de bouillon de poulet

125 ml (½ tasse) de
crème à cuisson 15 %

125 ml (½ tasse)
de pois verts

500 ml (2 tasses)
de poulet cuit
et coupé en dés

1. Dans une casserole, déposer les pommes de terre. Couvrir d'eau froide, saler et porter à ébullition. Cuire de 15 à 20 minutes. Égoutter.

2. Dans une autre casserole, faire fondre le beurre à feu moyen. Cuire l'oignon, les champignons et la carotte de 2 à 3 minutes.

3. Saupoudrer de farine et remuer. Verser le bouillon et la crème. Porter à ébullition et remuer jusqu'à épaississement. Ajouter les pois verts et le poulet.

4. Préchauffer le four à 205 °C (400 °F).

5. Répartir la sauce au poulet dans quatre ramequins.

6. Réduire les pommes de terre en purée. Incorporer le lait, le gruyère, le sel et le poivre.

7. Répartir la purée sur la sauce au poulet. Déposer une noisette de beurre sur chacune des portions et l'étaler avec une fourchette. Saupoudrer de paprika. Cuire au four de 10 à 15 minutes.

Gratin de jambon à la florentine

Préparation : **25 minutes** • Cuisson : **25 minutes** • Quantité : **de 4 à 6 portions**

5 grosses pommes
de terre pelées
et coupées en cubes
....
Sel et poivre
au goût
....
580 ml (2 ⅓ tasses) de lait
....
60 ml (¼ de tasse)
de beurre
....
1 carotte coupée en dés
....
1 oignon coupé en dés
....
5 ml (1 c. à thé)
d'ail haché
....
60 ml (¼ de tasse)
de farine
....

1 boîte de maïs en grains
de 341 ml, égouttés
....
500 ml (2 tasses)
de bébés épinards
....
250 ml (1 tasse)
de jambon haché
....
250 ml (1 tasse)
de cheddar râpé
....

1. Déposer les cubes de pommes de terre dans une casserole. Couvrir d'eau, saler et porter à ébullition. Cuire de 12 à 15 minutes. Égoutter.

2. Chauffer 80 ml (⅓ de tasse) de lait 1 minute au micro-ondes. Réduire les pommes de terre en purée en incorporant le lait chaud.

3. Préchauffer le four à 190 °C (375 °F).

4. Dans une poêle, faire fondre le beurre à feu moyen. Cuire la carotte, l'oignon et l'ail de 2 à 3 minutes.

5. Incorporer la farine et cuire de 1 à 2 minutes, sans colorer. Verser le reste du lait et porter à ébullition en fouettant. Incorporer le maïs, les épinards et le jambon. Assaisonner.

7. Transférer dans un plat à gratin de 33 cm x 23 cm (13 po x 9 po). Étaler la purée et couvrir de cheddar. Cuire au four de 25 à 30 minutes.

Gratin de bœuf à la mexicaine

Préparation : **15 minutes** • Cuisson : **25 minutes** • Quantité : **4 portions**

30 ml (2 c. à soupe)
d'huile d'olive
....
2 oignons hachés
....
10 ml (2 c. à thé)
d'ail haché
....
680 g (1 ½ lb) de bœuf
haché mi-maigre
....
½ sachet d'assaisonne-
ments à chili (de type
Old El Paso)
....
1 boîte de haricots
rouges de 398 ml,
rincés et égouttés
....

250 ml (1 tasse) de maïs
en grains, égouttés
....
250 ml (1 tasse)
de riz cuit
....
250 ml (1 tasse)
de sauce chili
....
2 tortillas de 25 cm
(10 po)
....
250 ml (1 tasse)
de cheddar râpé
....

1. Dans une casserole, chauffer l'huile à feu
moyen. Faire revenir les oignons et l'ail.
Ajouter la viande et les assaisonnements
à chili. Cuire de 8 à 10 minutes, en remuant
de temps en temps.

2. Incorporer les haricots, le maïs, le riz
et la sauce chili.

3. Préchauffer le four à 180 °C (350 °F).

4. Verser la préparation dans une assiette
à tarte de 25 cm (10 po). Égaliser la surface
et déposer les tortillas sur le dessus, l'une
sur l'autre. Couvrir avec le fromage râpé.

5. Cuire au four de 25 à 30 minutes.

Étagé de cigares au chou gratiné

Préparation : **15 minutes** • Cuisson : **30 minutes** • Quantité : **de 4 à 6 portions**

180 ml (¾ de tasse)
de riz blanc
....

1 petit chou de Savoie
....

30 ml (2 c. à soupe)
d'huile d'olive
....

450 g (1 lb) de porc
haché maigre
....

80 ml (⅓ de tasse)
de bouillon de poulet
....

30 ml (2 c. à soupe)
de persil frais haché
....

Sel et poivre au goût
....

375 ml (1 ½ tasse)
de sauce tomate
....

250 ml (1 tasse)
de mozzarella râpée
....

1. Cuire le riz selon les indications de l'emballage.

2. Pendant ce temps, hacher grossièrement le chou. Déposer dans une casserole d'eau bouillante salée et faire blanchir de 2 à 3 minutes. Refroidir sous l'eau très froide. Égoutter et assécher avec du papier absorbant.

3. Dans la même casserole, chauffer l'huile à feu moyen. Faire dorer le porc de 3 à 4 minutes.

4. Ajouter le bouillon et le persil. Laisser mijoter 10 minutes. Incorporer le riz. Assaisonner.

5. Préchauffer le four à 190 °C (375 °F).

6. Répartir uniformément la préparation dans un plat de cuisson de 30 cm x 20 cm (12 po x 8 po). Couvrir la viande avec les feuilles de chou puis verser la sauce tomate. Garnir de mozzarella. Cuire au four 20 minutes, jusqu'à ce que le fromage soit gratiné.

Si réconfortant !

Festin de pâtes

Des pâtes, c'est si bon…
mais lorsqu'elles sont
gratinées, ça frôle
la perfection ! On peut
transformer le plus banal
des macaronis en véritable
festin lorsqu'il est escorté
de fromage croustillant
et parfaitement doré sur
le dessus. Un délice
auquel il est impossible
de résister !

Cannellonis au veau et pesto de tomates séchées

Préparation : **15 minutes** • Cuisson : **20 minutes** • Quantité : **4 portions**

30 ml (2 c. à soupe)
d'huile d'olive
....
1 oignon haché
....
500 ml (2 tasses)
de sauce tomate
....
30 ml (2 c. à soupe) de pesto
aux tomates séchées
....
8 cannellonis au veau
et épinards
....
500 ml (2 tasses)
de mozzarella râpée
....

1. Préchauffer le four à 205 °C (400 °F).

2. Dans une casserole, chauffer l'huile à feu moyen. Cuire l'oignon de 2 à 3 minutes.

3. Ajouter la sauce et le pesto puis porter à ébullition.

4. Verser un peu de sauce dans un plat de cuisson de 33 cm x 23 cm (13 po x 9 po). Déposer les cannellonis côte à côte dans le plat et napper avec le reste de la sauce. Parsemer de fromage et cuire au four de 20 à 25 minutes.

J'aime avec...

Salade de roquette aux tomates et vinaigre de xérès

Mélanger 500 ml (2 tasses) de roquette avec 10 ml (2 c. à thé) de vinaigre de xérès et 30 ml (2 c. à soupe) d'huile d'olive. Incorporer 3 tomates italiennes taillées en dés, 45 ml (3 c. à soupe) de copeaux de parmesan et quelques feuilles de basilic. Saler et poivrer.

Lasagne aux fruits de mer

Préparation : **30 minutes** • Cuisson : **40 minutes** • Quantité : **4 portions**

1 sac de mélange de crevettes et pétoncles surgelés de 340 g, décongelés
....
200 g de chair de homard surgelée, décongelée et bien égouttée
....
80 ml (⅓ de tasse) de beurre
....
5 ml (1 c. à thé) d'ail haché
....
125 ml (½ tasse) de farine
....
500 ml (2 tasses) de lait
....
45 ml (3 c. à soupe) de basilic frais émincé
....
4 lasagnes fraîches coupées en deux sur la longueur
....
375 ml (1 ½ tasse) de fromage au choix râpé (mozzarella, cheddar, gruyère ou emmenthal)
....

1. Bien éponger les fruits de mer et la chair de homard afin de retirer l'excédent d'eau.

2. Préchauffer le four à 190 °C (375 °F).

3. Dans une casserole, faire fondre le beurre avec l'ail à feu moyen. Ajouter la farine et cuire quelques secondes en remuant. Verser le lait et porter à ébullition en fouettant. Ajouter les fruits de mer et le basilic. Remuer et retirer du feu.

4. Beurrer un plat de cuisson de 23 cm (9 po). Verser un peu de sauce dans le plat et couvrir de deux lasagnes. Verser le tiers de la sauce. Répéter cette étape deux fois et terminer par les lasagnes. Couvrir de fromage.

5. Couvrir le plat d'une feuille de papier d'aluminium. Cuire au four 20 minutes.

6. Retirer la feuille de papier d'aluminium et poursuivre la cuisson 20 minutes, jusqu'à ce que le fromage soit gratiné.

Le saviez-vous ?...

Une excellente source de calcium

Pleine de bonnes choses, cette lasagne aux fruits de mer fournit 70 % du calcium nécessaire quotidiennement. Certaines études ont avancé qu'il serait plus bénéfique de combler nos besoins en ce minéral par des aliments que par des suppléments pour maintenir une bonne santé osseuse et prévenir l'apparition d'ostéoporose.

Coupelles de lasagne

Préparation : **15 minutes** • Cuisson : **20 minutes** • Quantité : **9 coupelles**

6 lasagnes fraîches coupées
en trois sur la largeur
....
15 ml (1 c. à soupe)
d'huile d'olive
....
1 poivron orange
coupé en dés
....
750 ml (3 tasses)
de sauce à la viande
....
45 ml (3 c. à soupe)
de basilic frais émincé
....
375 ml (1 ½ tasse)
de mozzarella râpée
....

1. Préchauffer le four à 190 °C (375 °F).

2. Dans une casserole d'eau bouillante salée, cuire les lasagnes *al dente*. Égoutter et assécher sur du papier absorbant.

3. Dans la même casserole, chauffer l'huile à feu moyen. Cuire le poivron de 2 à 3 minutes. Incorporer la sauce et le basilic, puis porter à ébullition.

4. Beurrer neuf alvéoles d'un moule à muffins, puis les tapisser avec 2 lasagnes chacune. Verser la sauce jusqu'à mi-hauteur des coupelles. Répartir la moitié de la mozzarella et le reste de la sauce dans les coupelles, puis répartir le reste de la mozzarella. Cuire au four de 20 à 25 minutes.

J'aime avec...

Croûtons au basilic

Couper en diagonale 4 tranches de pain au fromage. Faire dorer au four à la position « gril » (*broil*) de 2 à 3 minutes. Mélanger 60 ml ($\frac{1}{4}$ de tasse) de beurre fondu avec 30 ml (2 c. à soupe) de basilic frais émincé. Badigeonner les pains de beurre à la sortie du four.

Lasagne express au veau et ricotta

Préparation : **15 minutes** • Cuisson : **30 minutes** • Quantité : **de 4 à 6 portions**

30 ml (2 c. à soupe)
d'huile d'olive
....
795 g (1 ¾ lb) de veau
haché mi-maigre
....
1 sachet d'assaisonnements
pour sauce à la viande de 30 g
....
800 ml (environ 3 ¼ tasses)
de sauce marinara
....
10 ml (2 c. à thé) de thym
frais haché
....
16 lasagnes cuites ou de type
prêtes pour le four
....
1 contenant de ricotta de 475 g
....
500 ml (2 tasses) de mélange
de fromages italiens râpés
....

1. Préchauffer le four à 190 °C (375 °F).

2. Dans une poêle, chauffer l'huile à feu moyen. Cuire le veau de 2 à 3 minutes, jusqu'à ce qu'il ait perdu sa teinte rosée.

3. Ajouter les assaisonnements, les trois quarts de la sauce et le thym. Cuire de 8 à 10 minutes à feu doux-moyen.

4. Dans un plat allant au four de 23 cm x 15 cm (9 po x 6 po), verser le reste de la sauce. Déposer 4 lasagnes au fond du plat. Couvrir de la moitié de la préparation au veau puis de 4 lasagnes. Ajouter la ricotta. Couvrir de nouveau de 4 lasagnes et répartir le reste de la préparation au veau.

5. Couvrir avec les 4 dernières lasagnes. Parsemer de fromage et cuire au four de 30 à 35 minutes.

Le saviez-vous ?

Veau ou bœuf haché ?

Ces deux viandes se distinguent d'abord par leur couleur et leur saveur : le bœuf est rouge et son goût est plus puissant, tandis que le veau est rose et maigre, avec un goût légèrement moins prononcé. Pour une quantité égale de calories et de protéines, le veau contient un peu moins de lipides, d'acides gras saturés et de cholestérol que le bœuf. En ce qui concerne les minéraux, le bœuf en contient un peu plus que le veau. Ces deux viandes sont donc aussi intéressantes du point de vue de la nutrition. Le secret est de varier !

Gratin de pâtes aux poivrons

Préparation : **15 minutes** • Cuisson : **20 minutes** • Quantité : **4 portions**

350 g de tortiglionis

60 ml (¼ de tasse)
de beurre à l'ail

½ poivron orange émincé

½ poivron rouge émincé

½ poivron jaune émincé

1 oignon haché

60 ml (¼ de tasse)
de pâte de tomates

30 ml (2 c. à soupe) de farine

625 ml (2 ½ tasses)
de bouillon de poulet

45 ml (3 c. à soupe)
de basilic frais émincé

375 ml (1 ½ tasse) de fromage
suisse râpé

1. Préchauffer le four à 205 °C (400 °F).

2. Dans une casserole d'eau bouillante salée, cuire les pâtes *al dente*. Égoutter.

3. Dans la même casserole, faire fondre le beurre à l'ail à feu moyen. Cuire les poivrons et l'oignon de 2 à 3 minutes. Incorporer la pâte de tomates et la farine.

4. Verser le bouillon et porter à ébullition en remuant. Ajouter les pâtes et le basilic. Remuer.

5. Verser la préparation dans un plat de cuisson carré de 20 cm (8 po) et couvrir de fromage. Cuire au four de 20 à 25 minutes.

Le saviez-vous ?...

Salé, le bouillon de poulet ?

N'ayant pas toujours le temps de préparer un bouillon maison, on opte souvent pour les versions commerciales. Bien que différents d'une marque à une autre, la plupart des bouillons présentent une longue liste d'ingrédients avec en tête de liste le sel ou l'eau. Certains bouillons ont une teneur en sodium qui peut aller jusqu'à 34 % VQ (835 mg/125 ml)! Pour diminuer votre consommation de sodium, ajoutez une plus grande quantité d'eau au bouillon ou choisissez les versions à teneur réduite en sodium (400 mg/125 ml, soit 17 % VQ).

Macaroni style pizza

Préparation : **15 minutes** • Cuisson : **10 minutes** • Quantité : **4 portions**

350 g de macaronis
....
30 ml (2 c. à soupe)
d'huile d'olive
....
1 poivron vert tranché
en rondelles minces
....
250 g (environ ½ lb)
de pepperoni émincé
....
1 oignon émincé
....
500 ml (2 tasses)
de sauce à pizza
....
375 ml (1 ½ tasse)
de mozzarella râpée
....

1. Dans une casserole d'eau bouillante salée, cuire les pâtes *al dente*. Égoutter.

2. Dans la même casserole, chauffer l'huile à feu moyen. Cuire le poivron, le pepperoni et l'oignon de 2 à 3 minutes. Verser la sauce et porter à ébullition. Ajouter les pâtes et remuer. Réchauffer 1 minute.

3. Transférer la préparation dans un plat de cuisson et parsemer de mozzarella.

4. Faire gratiner au four de 2 à 3 minutes à la position « gril » (*broil*).

J'aime parce que...
Les enfants en raffolent !

Pour changer de la traditionnelle pizza qui plaît tant aux enfants, ce macaroni gourmet est tout désigné : on ajoute aux pâtes la combinaison d'ingrédients d'une bonne pizza et le tour est joué ! Pour varier le menu, on peut également changer les ingrédients pour ceux de notre pizza préférée. Végétarienne, mexicaine, au jambon, aux fruits de mer… les possibilités sont infinies !

Macaronis au fromage, brocoli et bacon

Préparation : **25 minutes** • Cuisson : **10 minutes** • Quantité : **4 portions**

375 g de macaronis
....
½ brocoli taillé
en petits bouquets
....
8 tranches de bacon
....
30 ml (2 c. à soupe)
de beurre
....
10 ml (2 c. à thé)
d'ail haché
....
30 ml (2 c. à soupe)
de farine
....
500 ml (2 tasses) de lait
....
Sel et poivre au goût
....
250 ml (1 tasse)
de parmesan râpé
....
250 ml (1 tasse)
de cheddar râpé
....

1. Dans une casserole d'eau bouillante salée, cuire les pâtes *al dente*. Ajouter les brocolis dans la casserole 3 minutes avant la fin de la cuisson des pâtes. Égoutter.

2. Pendant ce temps, déposer le bacon entre deux feuilles de papier absorbant. Cuire au micro-ondes de 1 à 2 minutes, jusqu'à ce qu'il soit croustillant. Égoutter sur du papier absorbant. Laisser tiédir et émietter.

3. Dans une autre casserole, faire fondre le beurre à feu doux-moyen. Faire revenir l'ail quelques secondes et incorporer la farine. Cuire 1 minute. Verser le lait en fouettant. Assaisonner et continuer de fouetter jusqu'à ébullition.

4. Ajouter la moitié des fromages et remuer jusqu'à ce qu'ils soient fondus. Incorporer les pâtes avec les brocolis et le bacon.

5. Répartir la préparation dans quatre ramequins ou dans un plat de cuisson de 20 cm (8 po) et parsemer du reste des fromages. Faire gratiner au four de 2 à 3 minutes à la position « gril » (*broil*).

Le saviez-vous ?

Les champions du calcium

Les fromages fermes ont une plus forte teneur en calcium. Ainsi, les fromages tels que le parmesan, le gruyère, le cheddar et le gouda contiennent davantage de calcium que le fromage à la crème, le brie ou le camembert. L'exception qui confirme la règle ? La ricotta, qui offre une teneur élevée en calcium malgré sa texture crémeuse.

Macaroni au fromage gratiné

Préparation : **25 minutes** • Cuisson : **10 minutes** • Quantité : **4 portions**

350 g de macaronis

45 ml (3 c. à soupe)
de beurre

45 ml (3 c. à soupe)
de farine

500 ml (2 tasses)
de lait

500 ml (2 tasses)
de cheddar râpé

125 ml (½ tasse)
de chapelure panko

80 ml (⅓ de tasse)
de bacon émietté

1. Dans une casserole d'eau bouillante salée, cuire les pâtes *al dente*. Égoutter.

2. Dans la même casserole, faire fondre le beurre à feu moyen. Ajouter la farine, remuer et cuire 1 minute. Verser le lait et porter à ébullition en fouettant.

3. Ajouter le fromage et remuer jusqu'à ce qu'il soit fondu. Incorporer les pâtes.

4. Préchauffer le four à 205 °C (400 °F).

5. Transférer la préparation dans un plat de cuisson de 20 cm (8 po) ou dans quatre ramequins.

6. Dans un bol, mélanger la chapelure avec le bacon. Parsemer le macaroni de ce mélange. Cuire au four 10 minutes.

J'aime aussi...

Macaroni au fromage express

Dans une casserole d'eau bouillante salée, cuire 350 g de pâtes *al dente*. Égoutter. Dans la même casserole, porter à ébullition 250 ml (1 tasse) de lait. Incorporer le contenu de 1 pot de tartinade de fromage (de type Cheez Whiz) de 500 g. Ajouter les pâtes et mélanger.

Gratin de tortiglionis, poulet et choux de Bruxelles

Préparation : **20 minutes** • Cuisson : **15 minutes** • Quantité : **4 portions**

350 g de tortiglionis
....
12 choux de Bruxelles
coupés en quatre
....
15 ml (1 c. à soupe)
de beurre
....
80 ml (⅓ de tasse) d'échalotes
sèches hachées
....
125 ml (½ tasse) de vin blanc
....
500 ml (2 tasses) de crème
à cuisson 15 %
....
125 ml (½ tasse)
de parmesan râpé
....
500 ml (2 tasses) de fromage
havarti râpé
....
500 ml (2 tasses) de poulet
cuit et coupé en dés
....
60 ml (¼ de tasse) de ciboulette
fraîche hachée
....
Sel et poivre au goût
....

1. Dans une casserole d'eau bouillante salée, cuire les pâtes avec les choux de Bruxelles, jusqu'à ce que les pâtes et les légumes soient *al dente*. Égoutter et réserver.

2. Préchauffer le four à 205 °C (400 °F).

3. Dans la même casserole, faire fondre le beurre à feu moyen. Cuire les échalotes 1 minute. Verser le vin blanc et chauffer à feu moyen jusqu'à réduction complète du liquide.

4. Verser la crème et porter à ébullition. Ajouter le parmesan et la moitié du fromage havarti en remuant. Incorporer les pâtes, les choux de Bruxelles, le poulet, la ciboulette et l'assaisonnement.

5. Transférer la préparation dans un plat de cuisson de 20 cm (8 po). Parsemer du reste du fromage havarti. Cuire au four 15 minutes, jusqu'à ce que le fromage gratine.

J'aime parce que...
On fait d'une pierre deux coups !

Dans cette recette, les choux de Bruxelles cuisent dans la même casserole que les pâtes. Ce raccourci futé permet sans contredit de gagner de précieuses minutes. Utilisez cette astuce avec tous les légumes d'accompagnement qui nécessitent d'être blanchis, tels les brocolis, les haricots verts, les asperges, les choux-fleurs ou les pois mange-tout. Plongez-les dans l'eau bouillante quelques minutes avant la fin de la cuisson des pâtes. Autre atout : vous aurez moins de casseroles à nettoyer !

Gratin de rigatonis, sauce puttanesca à la saucisse

Préparation : **20 minutes** • Cuisson : **15 minutes** • Quantité : **4 portions**

350 g de rigatonis
....
375 ml (1 ½ tasse)
de cheddar râpé
....

POUR LA SAUCE :

5 saucisses italiennes
....
15 ml (1 c. à soupe)
d'huile d'olive
....
1 oignon haché
....
10 ml (2 c. à thé) d'ail haché
....
1 boîte de tomates
en dés de 796 ml
....
80 ml (⅓ de tasse)
d'olives noires tranchées
....
30 ml (2 c. à soupe)
de pâte de tomates
....
30 ml (2 c. à soupe) de câpres,
égouttées
....
4 filets d'anchois hachés (facultatif)
....
30 ml (2 c. à soupe) de persil
frais haché
....
Sel et poivre au goût
....

1. Retirer la membrane des saucisses.

2. Dans une casserole, chauffer l'huile à feu moyen. Cuire la chair des saucisses de 2 à 3 minutes en l'égrainant à l'aide d'une cuillère de bois.

3. Ajouter l'oignon et l'ail. Cuire 1 minute.

4. Ajouter le reste des ingrédients de la sauce. Couvrir et laisser mijoter de 12 à 15 minutes à feu doux-moyen.

5. Pendant ce temps, cuire les pâtes *al dente* dans une casserole d'eau bouillante salée. Égoutter et ajouter à la sauce.

6. Préchauffer le four à 205 °C (400 °F).

7. Transférer la préparation dans un plat de cuisson de 20 cm (8 po). Couvrir de fromage.

8. Cuire au four 15 minutes, jusqu'à ce que le fromage gratine.

Le saviez-vous ?

Qu'est-ce qu'une sauce puttanesca ?

La sauce puttanesca est composée de tomates, d'ail, de piment, d'anchois, de câpres et d'olives. Plusieurs hypothèses circulent concernant l'origine de son nom, un dérivé de l'italien « putain ». L'une d'elles prétend que cette sauce était préparée par des prostituées qui souhaitaient attirer des clients grâce au parfum enivrant qu'elle dégage.

Casserole de pâtes au thon et épinards

Préparation : **20 minutes** • Cuisson : **15 minutes** • Quantité : **4 portions**

350 g de rotinis

60 ml (¼ de tasse)
de beurre

1 oignon haché

10 ml (2 c. à thé)
d'ail haché

45 ml (3 c. à soupe)
de farine

250 ml (1 tasse) de lait

180 ml (¾ de tasse) de
crème à cuisson 15 %

3 boîtes de thon
en morceaux de 170 g
chacune, égoutté

500 ml (2 tasses)
de bébés épinards

250 ml (1 tasse) de
fromage suisse râpé

Sel et poivre au goût

125 ml (½ tasse) de
chapelure panko

125 ml (½ tasse)
de parmesan râpé

1. Dans une casserole d'eau bouillante salée,
cuire les pâtes *al dente*. Égoutter.

2. Préchauffer le four à 205 °C (400 °F).

3. Dans la même casserole, faire fondre
le beurre à feu moyen. Cuire l'oignon
et l'ail 2 minutes. Saupoudrer de farine,
remuer et cuire 1 minute.

4. Verser le lait et la crème. Porter
à ébullition en remuant. Incorporer
le thon, les épinards, le fromage et
les pâtes. Assaisonner. Cuire 1 minute.

5. Transférer la préparation dans un plat
de cuisson de 20 cm (8 po).

6. Dans un bol, mélanger la chapelure avec le
parmesan. Parsemer les pâtes de ce mélange.

7. Cuire au four 15 minutes, jusqu'à ce que
le fromage gratine.

Pâtes gratinées au jambon et brocoli

Préparation : **30 minutes** • Cuisson : **15 minutes** • Quantité : **6 portions**

375 g de pennes

1 brocoli coupé
en petits bouquets

60 ml (¼ de tasse)
de beurre

60 ml (¼ de tasse)
de farine

750 ml (3 tasses) de lait

Sel et poivre au goût

500 ml (2 tasses) de
jambon coupé en dés

60 ml (¼ de tasse)
de persil frais haché

500 ml (2 tasses)
de cheddar râpé

1. Dans une casserole d'eau bouillante salée,
cuire les pâtes *al dente*. Ajouter le brocoli
dans la casserole 3 minutes avant la fin
de la cuisson des pâtes. Égoutter.

2. Pendant ce temps, faire fondre le beurre
à feu moyen dans une autre casserole. Saupoudrer de farine, remuer et cuire 1 minute,
sans colorer la farine. Verser le lait et fouetter
jusqu'aux premiers bouillons. Assaisonner.

3. Préchauffer le four à 205 °C (400 °F).

4. Incorporer les pâtes, le brocoli, le jambon,
le persil et la moitié du fromage.

5. Verser la préparation dans un plat de
cuisson de 33 cm x 23 cm (13 po x 9 po) ou
dans six ramequins. Couvrir avec le reste
du fromage et cuire au four 15 minutes,
jusqu'à ce que le fromage soit gratiné.

Gratin de nouilles au veau

Préparation : **15 minutes** • Cuisson : **10 minutes** • Quantité : **4 portions**

350 g de nouilles
aux œufs
....

15 ml (1 c. à soupe)
d'huile d'olive
....

400 g (environ 1 lb)
de veau coupé
en lanières
....

1 oignon émincé
....

1 poivron rouge émincé
....

1 courgette émincée
....

410 ml (1 ⅔ tasse)
de sauce marinara
....

125 ml (½ tasse)
d'olives vertes farcies
....

375 ml (1 ½ tasse)
de fromage Oka râpé
....

1. Dans une casserole d'eau bouillante salée, cuire les nouilles *al dente*. Égoutter.

2. Préchauffer le four à 190 °C (375 °F).

3. Dans une poêle, chauffer l'huile à feu moyen. Saisir les lanières de veau de 1 à 2 minutes. Transférer dans une assiette.

4. Dans la même poêle, cuire l'oignon, le poivron et la courgette de 2 à 3 minutes. Ajouter la sauce et les olives. Porter à ébullition. Ajouter les pâtes, le veau et remuer.

5. Beurrer un plat de cuisson et y transférer la préparation. Couvrir de fromage. Cuire au four 10 minutes.

Gratin de pennes au poulet et champignons

Préparation : **25 minutes** • Cuisson : **10 minutes** • Quantité : **6 portions**

500 g de pennes

POUR LA SAUCE :

60 ml (¼ de tasse)
de beurre

1 oignon haché

10 champignons émincés

45 ml (3 c. à soupe)
de farine

500 ml (2 tasses) de
bouillon de poulet

80 ml (⅓ de tasse) de
crème à cuisson 15 %

500 ml (2 tasses)
de poulet cuit
et coupé en dés

15 ml (1 c. à soupe)
de moutarde de Dijon

60 ml (¼ de tasse)
de persil frais haché

500 ml (2 tasses)
de mozzarella ou
de cheddar râpé

1. Dans une casserole d'eau bouillante salée, cuire les pâtes *al dente*. Égoutter.

2. Dans une autre casserole, faire fondre le beurre à feu moyen. Saisir l'oignon et les champignons de 1 à 2 minutes. Saupoudrer de farine et remuer. Verser le bouillon et la crème. Porter à ébullition en remuant.

3. Ajouter le poulet, la moutarde, les pâtes, le persil et la moitié du fromage. Chauffer 1 minute en remuant.

4. Transférer la préparation dans un plat de cuisson de 33 cm x 23 cm (13 po x 9 po). Parsemer du reste du fromage. Faire gratiner au four de 2 à 3 minutes à la position « gril » (*broil*).

Raviolis sauce veloutée aux épinards

Préparation : **15 minutes** • Cuisson : **4 minutes** • Quantité : **4 portions**

2 paquets de raviolis viande et fines herbes de 350 g chacun

60 ml (¼ de tasse) de beurre

1 oignon haché

5 ml (1 c. à thé) d'ail haché

60 ml (¼ de tasse) de farine

375 ml (1 ½ tasse) de bouillon de poulet

125 ml (½ tasse) de crème à cuisson 15 %

750 ml (3 tasses) de bébés épinards

250 ml (1 tasse) de fromage suisse râpé

1. Dans une casserole d'eau bouillante salée, cuire les raviolis *al dente*. Égoutter.

2. Dans une autre casserole, faire fondre le beurre à feu moyen. Cuire l'oignon et l'ail de 1 à 2 minutes.

3. Ajouter la farine et remuer. Verser le bouillon et la crème. Porter à ébullition en fouettant.

4. Ajouter les épinards et cuire 1 minute.

5. Verser la préparation dans le contenant du robot culinaire et émulsionner 1 minute.

6. Verser la sauce dans un plat de cuisson. Ajouter les pâtes et remuer. Parsemer de fromage et faire gratiner au four de 2 à 3 minutes à la position « gril » (*broil*).

Macaronis marinara gratinés au bœuf

Préparation : **15 minutes** • Cuisson : **15 minutes** • Quantité : **de 4 à 6 portions**

350 g de macaronis

30 ml (2 c. à soupe) d'huile d'olive

450 g (1 lb) de bœuf haché mi-maigre

1 oignon haché

2 courgettes coupées en dés

1 contenant de sauce marinara de 600 ml

45 ml (3 c. à soupe) de persil frais haché

1 feuille de laurier

Sel et poivre au goût

375 ml (1 ½ tasse) de mozzarella râpée

1. Préchauffer le four à 205 °C (400 °F).

2. Dans une casserole d'eau bouillante salée, cuire les macaronis *al dente*. Égoutter.

3. Dans une autre casserole, chauffer l'huile à feu moyen. Faire revenir la viande jusqu'à ce qu'elle ait perdu sa teinte rosée. Ajouter l'oignon, les courgettes, la sauce, le persil et le laurier. Saler et poivrer. Porter à ébullition.

4. Incorporer les pâtes puis transférer la préparation dans un plat de cuisson. Couvrir de fromage.

5. Cuire au four de 15 à 20 minutes.

Gratin dauphinois revisité

Pour vous délecter

d'une riche combinaison

de crème, de fromage gratiné

et de pommes de terre,

le gratin dauphinois est idéal !

En accompagnement ou

en plat principal, nombreuses

sont les possibilités

pour apprêter ce classique

français. Ici, on le décline

en sept versions toutes

plus délicieuses les unes

que les autres !

Gratin de poulet, pommes de terre et bacon

Préparation : **25 minutes** • Cuisson : **35 minutes** • Quantité : **de 4 à 6 portions**

6 pommes de terre

375 ml (1 ½ tasse) de crème à cuisson 35 %

125 ml (½ tasse) de lait

1 boîte de crème de poulet condensée de 284 ml

15 ml (1 c. à soupe) d'ail haché

1 oignon haché

15 ml (1 c. à soupe) de thym frais haché

1,25 ml (¼ de c. à thé) de muscade

Sel et poivre au goût

8 tranches de bacon émincées

750 ml (3 tasses) de poulet cuit et émincé

375 ml (1 ½ tasse) de fromage suisse ou emmenthal râpé

1. Peler et couper les pommes de terre en fines tranches à l'aide d'une mandoline ou d'un couteau.

2. Dans une casserole, mélanger la crème avec le lait, la crème de poulet, l'ail, l'oignon, le thym, la muscade et l'assaisonnement. Porter à ébullition à feu moyen, puis ajouter les pommes de terre. Couvrir et cuire à feu doux-moyen de 8 à 10 minutes, en remuant à quelques reprises.

3. Préchauffer le four à 190 °C (375 °F).

4. Pendant ce temps, déposer les morceaux de bacon dans une assiette allant au micro-ondes. Couvrir d'une feuille de papier absorbant et cuire de 2 à 3 minutes au micro-ondes à haute intensité. Réserver.

5. Beurrer un plat à gratin de 33 cm x 23 cm (13 po x 9 po). Déposer le poulet dans le plat. Couvrir avec la préparation aux pommes de terre. Parsemer de bacon et de fromage. Couvrir d'une feuille de papier d'aluminium.

6. Cuire au four 20 minutes. Retirer la feuille de papier d'aluminium, puis poursuivre la cuisson de 15 à 20 minutes, jusqu'à ce que les pommes de terre soient tendres et que le fromage soit doré.

Le saviez-vous ?

Calculer la bonne quantité de viande crue

Pour réaliser ce gratin, vous avez besoin de 750 ml (3 tasses) de poulet cuit. Quelle quantité de viande crue devez-vous donc acheter ? Pour chaque 450 g (1 lb) de poulet cru, on obtient 250 ml (1 tasse) de chair cuite. Pourquoi une telle différence ? L'eau s'évaporant à la cuisson, la volaille perd ainsi de 15 à 20 % de son poids. Pour cette recette, vous devez donc vous procurer 1,35 kg (3 lb) de poulet non cuit.

Gratin aux deux pommes de terre, muscade et érable

Préparation : **25 minutes** • Cuisson : **1 heure** • Quantité : **de 4 à 6 portions**

4 pommes de terre

3 patates douces

15 ml (1 c. à soupe) d'huile d'olive

250 ml (1 tasse) de poireau émincé

1 paquet de pancetta précuite et coupée en dés (de type Fantino & Mondello) de 175 g

375 ml (1 ½ tasse) de crème à cuisson 15 %

60 ml (¼ de tasse) de sirop d'érable

15 ml (1 c. à soupe) de thym frais haché

2,5 ml (½ c. à thé) de muscade

375 ml (1 ½ tasse) de gruyère râpé

Sel et poivre au goût

1. Préchauffer le four à 180 °C (350 °F).

2. Peler et émincer finement les pommes de terre et les patates douces.

3. Dans une casserole, chauffer l'huile à feu moyen. Cuire le poireau et la pancetta de 2 à 3 minutes.

4. Verser la crème et le sirop d'érable. Porter à ébullition. Retirer du feu et incorporer le thym, la muscade, la moitié du gruyère et l'assaisonnement.

5. Dans un plat de cuisson carré ou rond de 20 cm (8 po), créer des couches de tranches de pommes de terre et de patates douces en versant un peu de préparation liquide sur chacune des couches. Couvrir avec le reste du fromage. Cuire au four 1 heure, jusqu'à ce que les légumes soient tendres et que le fromage soit gratiné.

Le saviez-vous ?

Pourquoi certains fromages ont-ils des trous ?

Malgré ce que l'on a tendance à penser, ce n'est pas le gruyère qui est parsemé de trous, mais plutôt l'emmenthal et les fromages de type « suisse » (Jarlsberg, Oka l'artisan). Les trous du fromage sont formés par des bactéries préalablement incorporées à la pâte. Pendant le vieillissement du fromage qui dure plusieurs mois, elles produisent et dégagent du CO_2. Prisonnier et cherchant à s'échapper, ce gaz forme dans la pâte les alvéoles caractéristiques.

Gratin de saumon et pommes de terre

Préparation : **30 minutes** • Cuisson : **45 minutes** • Quantité : **6 portions**

500 ml (2 tasses) de lait

Sel et poivre au goût

675 g (1 ½ lb) de filets
de saumon, sans peau

6 à 8 pommes de terre

125 ml (½ tasse) de crème
à cuisson 15 %

250 ml (1 tasse) de
mozzarella râpée

80 ml (⅓ de tasse) de beurre

80 ml (⅓ de tasse) de farine

30 ml (2 c. à soupe) de
ciboulette fraîche hachée

30 ml (2 c. à soupe) de persil
frais haché

1. Dans une casserole, porter à ébullition le lait avec l'assaisonnement. Ajouter le saumon et cuire de 8 à 10 minutes à feu moyen. Retirer le saumon à l'aide d'une écumoire et le déposer dans une assiette. Laisser tiédir et émietter. Réserver le lait contenu dans la casserole.

2. Peler et couper les pommes de terre en fines rondelles.

3. Dans un grand bol, mélanger les pommes de terre avec la crème et le fromage.

4. Préchauffer le four à 205 °C (400 °F).

5. Beurrer un plat à gratin de 33 cm x 23 cm (13 po x 9 po) ou six ramequins allant au four. Répartir la moitié des pommes de terre au fond du plat.

6. Dans une autre casserole, faire fondre le beurre à feu moyen. Ajouter la farine et cuire de 1 à 2 minutes, sans la colorer. Incorporer le lait tiède qui a servi à pocher le saumon. Porter à ébullition en fouettant constamment. Ajouter le saumon et les fines herbes.

7. Verser la préparation sur les pommes de terre. Couvrir avec le reste des pommes de terre. Cuire au four de 45 à 60 minutes, jusqu'à ce que les pommes de terre soient tendres. Retirer du four et laisser tiédir.

Le saviez-vous ?

Comment conserver les pommes de terre ?

Il est conseillé de conserver les pommes de terre dans un endroit sombre, aéré et frais (de 7 à 10 °C) ; ceci empêchera qu'elles ne verdissent et ne deviennent amères. Gardez-les de préférence dans un sac de papier afin de limiter les moisissures créées par l'humidité. Évitez toutefois de les placer au réfrigérateur : le froid les fait noircir et transforme leur amidon en sucre, ce qui altère leur goût. Enfin, n'entreposez pas les pommes de terre à côté des oignons, car ils germent en présence l'un de l'autre.

Gratin à la courge et au jambon

Préparation : **15 minutes** • Cuisson : **36 minutes** • Quantité : **de 4 à 6 portions**

1 courge musquée
(Butternut)
....
250 g (environ ½ lb) de
jambon fumé en tranches
....
375 ml (1 ½ tasse)
de cheddar râpé
....
1 œuf
....
30 ml (2 c. à soupe)
de farine
....
250 ml (1 tasse) de crème
à cuisson 15 %
....
60 ml (¼ de tasse)
de persil frais haché
....
2,5 ml (½ c. à thé)
de muscade
....

1. Peler la courge et en retirer les graines. Émincer finement la chair.

2. Préchauffer le four à 190 °C (375 °F).

3. Beurrer un plat à gratin carré de 20 cm (8 po). Répartir la moitié des tranches de courge dans le fond du plat. Couvrir avec les tranches de jambon et la moitié du fromage.

4. Dans un bol, fouetter l'œuf avec la farine, la crème, le persil et la muscade.

5. Verser la moitié du mélange dans le plat. Couvrir avec le reste de la courge, puis verser le reste de la préparation à la crème. Parsemer du reste du fromage.

6. Couvrir d'une feuille de papier d'aluminium et cuire au four de 18 à 20 minutes.

7. Retirer le papier d'aluminium et poursuivre la cuisson de 18 à 20 minutes, jusqu'à ce que le fromage soit gratiné.

Gratin dauphinois au fromage Oka

Préparation : **25 minutes** • Cuisson : **40 minutes** • Quantité : **6 portions**

8 pommes de terre
moyennes
·······
10 tranches de bacon
émincées
·······
2 oignons hachés
·······
20 champignons émincés
·······
250 ml (1 tasse) de crème
à cuisson 15 %
·······
500 ml (2 tasses)
de fromage Oka râpé
·······
Sel et poivre au goût
·······

1. Éplucher les pommes de terre. Déposer dans une casserole et couvrir d'eau froide. Saler et porter à ébullition. Cuire de 7 à 8 minutes. Égoutter et laisser tiédir. Couper en rondelles d'environ 0,5 cm ($\frac{1}{4}$ de po) d'épaisseur.

2. Chauffer une poêle à feu moyen. Cuire le bacon 2 minutes. Ajouter les oignons et les champignons. Faire dorer de 2 à 3 minutes. Égoutter dans une passoire fine.

3. Beurrer généreusement un plat à gratin carré de 20 cm (8 po). Répartir la moitié des pommes de terre dans le fond du plat.

Couvrir avec le mélange de bacon et d'oignons, puis avec le reste des pommes de terre.

4. Préchauffer le four à 220 °C (425 °F).

5. Dans une casserole, porter la crème à ébullition. Baisser l'intensité du feu et incorporer le fromage. Remuer jusqu'à ce qu'il soit fondu. Saler et poivrer.

6. Verser sur les pommes de terre. Cuire au four 40 minutes, jusqu'à ce que les pommes de terre soient tendres et que le gratin soit doré.

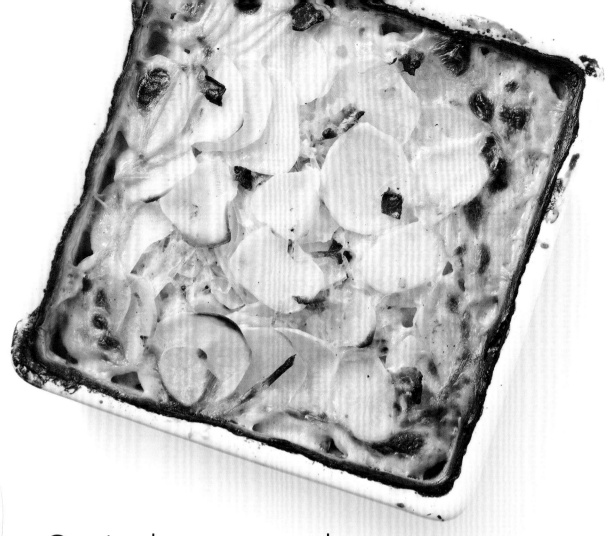

Gratin de pommes de terre au bacon et poireaux

Préparation : **20 minutes** • Cuisson : **40 minutes** • Quantité : **de 4 à 6 portions**

6 pommes de terre
de taille moyenne
....
15 ml (1 c. à soupe)
d'huile de canola
....
8 tranches de bacon
émincées
....
375 ml (1 ½ tasse)
de poireau émincé
....
15 ml (1 c. à soupe)
d'ail haché
....
500 ml (2 tasses)
de mélange laitier
pour cuisson 5 %
....
Sel et poivre au goût
....

1. Peler et couper les pommes de terre en tranches fines.

2. Préchauffer le four à 205 °C (400 °F).

3. Dans une casserole, chauffer l'huile à feu moyen. Saisir le bacon avec le poireau de 2 à 3 minutes. Ajouter l'ail, le mélange laitier et l'assaisonnement. Porter à ébullition. Ajouter les pommes de terre et remuer.

4. Beurrer un plat à gratin carré de 20 cm (8 po), puis y répartir uniformément la préparation.

5. Couvrir d'une feuille de papier d'aluminium et cuire au four de 25 à 30 minutes.

6. Retirer la feuille de papier d'aluminium et poursuivre la cuisson 15 minutes, jusqu'à ce que les pommes de terre soient cuites.

Gratin de rutabaga à la dauphinoise

Préparation : **20 minutes** • Cuisson : **40 minutes** • Quantité : **de 4 à 6 portions**

1 gros rutabaga

250 ml (1 tasse)
de mélange laitier
pour cuisson 5 %

250 ml (1 tasse) de lait

10 ml (2 c. à thé)
de thym frais haché

15 ml (1 c. à soupe)
d'ail haché

Sel et poivre au goût

15 ml (1 c. à soupe)
de fécule de maïs

375 ml (1 ½ tasse) de
fromage suisse râpé

1. Peler le rutabaga puis le couper en quartiers. Émincer finement chacun des quartiers.

2. Préchauffer le four à 180 °C (350 °F).

3. Dans une casserole, porter à ébullition le mélange laitier avec le lait, le thym, l'ail, le sel et le poivre.

4. Dans un petit bol, mélanger la fécule de maïs avec le fromage. Incorporer au mélange de crème et remuer jusqu'à ce que le fromage soit fondu. Ajouter le rutabaga et remuer.

5. Beurrer un plat carré de 20 cm (8 po). Transférer la préparation dans le plat et couvrir d'une feuille de papier d'aluminium. Cuire au four de 20 à 25 minutes.

6. Retirer la feuille de papier d'aluminium et poursuivre la cuisson 20 minutes.

Saveurs océanes

Délicieusement gourmand,

le gratin au poisson

et fruits de mer est un plat

à déguster à pleine fourchette !

En repas réconfortant

du weekend ou en petit plaisir

à s'offrir un jour de semaine,

il vous promet de doux

moments gustatifs !

Gratin de crevettes, pétoncles et chou-fleur

Préparation : **15 minutes** • Cuisson : **5 minutes** • Quantité : **4 portions**

1 chou-fleur coupé
en petits bouquets
....
60 ml (¼ de tasse) de beurre
....
1 oignon haché
....
80 ml (⅓ de tasse) de farine
....
625 ml (2 ½ tasses) de lait
....
2 sacs de mélange de fruits
de mer surgelés de 340 g
chacun, décongelés
....
45 ml (3 c. à soupe)
de ciboulette fraîche hachée
....
Sel et poivre au goût
....
250 ml (1 tasse)
de mozzarella râpée
....

1. Dans une casserole d'eau bouillante salée, cuire le chou-fleur 4 minutes. Rafraîchir sous l'eau froide et égoutter.

2. Dans la même casserole, faire fondre le beurre à feu moyen et saisir l'oignon 1 minute. Incorporer la farine et cuire 1 minute, sans colorer.

3. Verser le lait et chauffer jusqu'aux premiers frémissements en fouettant. Ajouter les fruits de mer, le chou-fleur et la ciboulette. Saler et poivrer. Chauffer à feu moyen de 2 à 3 minutes.

4. Dans un plat de cuisson de 33 cm x 23 cm (13 po x 9 po), verser la préparation et parsemer de mozzarella.

5. Faire gratiner au centre du four de 3 à 5 minutes à la position « gril » (*broil*).

J'aime avec...

Farfalles aux fines herbes et citron

Dans une casserole d'eau bouillante salée, cuire 340 g de farfalles *al dente*. Égoutter. Dans une poêle, chauffer 45 ml (3 c. à soupe) d'huile d'olive à feu moyen. Faire revenir 5 ml (1 c. à thé) d'ail haché avec 30 ml (2 c. à soupe) de persil frais haché et 15 ml (1 c. à soupe) de zestes de citron 2 minutes. Incorporer les pâtes. Saler et poivrer.

Gratin de fruits de mer thermidor

Préparation : **30 minutes** • Cuisson : **12 minutes** • Quantité : **4 portions**

500 ml (2 tasses) de lait

16 crevettes moyennes (calibre 31/40), crues et décortiquées

12 pétoncles moyens (calibre 20/30)

45 ml (3 c. à soupe) de beurre

45 ml (3 c. à soupe) d'échalotes sèches hachées

8 champignons émincés

5 ml (1 c. à thé) d'ail haché

60 ml (¼ de tasse) de farine

200 g de chair de homard, égouttée

15 ml (1 c. à soupe) de moutarde sèche

15 ml (1 c. à soupe) d'estragon frais haché

2,5 ml (½ c. à thé) de paprika

Sel et poivre au goût

250 ml (1 tasse) de fromage suisse râpé

1. Préchauffer le four à 190 °C (375 °F).

2. Dans une casserole, chauffer le lait à feu moyen jusqu'aux premiers frémissements.

3. Ajouter les crevettes et les pétoncles. Cuire 2 minutes.

4. Au-dessus d'un bol, filtrer le lait. Réserver le lait et les fruits de mer.

5. Dans une casserole, faire fondre le beurre à feu moyen. Cuire de 2 à 3 minutes les échalotes, les champignons et l'ail.

6. Ajouter la farine et cuire quelques secondes en remuant. Verser le lait réservé puis porter à ébullition en fouettant.

7. Incorporer les fruits de mer, la moutarde, l'estragon, le paprika et les assaisonnements. Porter de nouveau à ébullition puis retirer du feu.

8. Répartir dans quatre ramequins. Couvrir de fromage. Cuire au four de 12 à 15 minutes, jusqu'à ce que le fromage soit doré.

Le saviez-vous ?

Que signifie « thermidor » ?

Le terme vient d'une recette de homard créée à Paris par un restaurateur en hommage à la pièce *Thermidor* du dramaturge Victorien Sardou. Aujourd'hui, le terme « thermidor » désigne une sauce à base de crème, de moutarde et de fromage gratiné qui accompagne souvent le homard, les langoustes et autres fruits de mer.

Gratin de légumes au crabe

Préparation : **15 minutes** • Cuisson : **20 minutes** • Quantité : **4 portions**

750 ml (3 tasses)
de mélange de légumes
surgelés de type bruxellois
....
45 ml (3 c. à soupe) de beurre
....
45 ml (3 c. à soupe) de farine
....
375 ml (1 ½ tasse) de lait
....
375 ml (1 ½ tasse)
de fromage suisse râpé
....
200 g de chair de crabe
....
Sel et poivre au goût
....
250 ml (1 tasse)
de chapelure nature
....
30 ml (2 c. à soupe)
de persil frais haché
....

1. Préchauffer le four à 205 °C (400 °F).

2. Dans une casserole d'eau bouillante salée, faire blanchir le mélange de légumes de 4 à 5 minutes. Égoutter.

3. Dans une autre casserole, faire fondre le beurre à feu moyen. Saupoudrer de farine et remuer. Verser le lait et fouetter jusqu'à ébullition.

4. Incorporer la moitié du fromage, les légumes et le crabe. Assaisonner.

5. Beurrer quatre ramequins, puis y répartir la préparation.

6. Dans un bol, mélanger la chapelure avec le reste du fromage et le persil. Parsemer les gratins de ce mélange.

7. Cuire au four 20 minutes.

Le saviez-vous ?

Où trouve-t-on de la chair de crabe ?

Afin de s'assurer que le crabe a un maximum de fraîcheur et que la cuisson est adéquate, il est préférable de l'acheter vivant. Dès avril et jusqu'à l'automne, il est plus facile de s'en procurer. Après cette période, on retrouve davantage le crabe cuit, surgelé en sections (pinces ou pattes) ou décortiqué. Le crabe en conserve peut également être une bonne option, surtout pour une préparation de salade ou de sandwich.

Coquilles Saint-Jacques

Préparation : **30 minutes** • Cuisson : **25 minutes** • Quantité : **4 portions**

5 à 6 pommes de terre (Russet, Idaho ou Yukon Gold)

....

60 ml (¼ de tasse) de lait chaud

....

30 ml (2 c. à soupe) de persil frais haché

....

Sel et poivre au goût

....

45 ml (3 c. à soupe) de beurre

....

60 ml (¼ de tasse) d'échalotes sèches hachées

....

60 ml (¼ de tasse) de vin blanc

....

60 ml (¼ de tasse) de farine

....

375 ml (1 ½ tasse) de crème à cuisson 15 %

....

200 g (1 ⅓ tasse) de crevettes nordiques

....

200 g (1 tasse) de mini-pétoncles

....

375 ml (1 ½ tasse) de gruyère râpé

....

1. Préchauffer le four à 220 °C (450 °F).

2. Peler et tailler en cubes les pommes de terre. Déposer dans une casserole et couvrir d'eau froide. Saler et porter à ébullition. Cuire 15 minutes, jusqu'à tendreté. Égoutter puis réduire en purée avec le lait et le persil. Assaisonner.

3. Dans une casserole, faire fondre le beurre à feu moyen. Cuire les échalotes de 1 à 2 minutes.

4. Verser le vin et chauffer jusqu'à évaporation complète du liquide.

5. Ajouter la farine et cuire quelques secondes en remuant. Verser la crème et porter à ébullition en fouettant.

6. Incorporer les fruits de mer et la moitié du fromage.

7. Répartir la préparation dans quatre ramequins. À l'aide d'une cuillère ou d'une poche à pâtisserie munie d'une douille cannelée, garnir le pourtour des coquilles de purée de pommes de terre. Parsemer de fromage.

8. Gratiner au four de 25 à 30 minutes.

Le saviez-vous ?

Crevettes nordiques ou crevettes surgelées ?

D'un point de vue nutritionnel, la crevette nordique (ou « crevette de Matane ») surpasse les crevettes importées d'Asie et surgelées. Une portion de 75 g est cinq fois plus riche en oméga-3 et comble 60 % de nos besoins quotidiens en acides gras essentiels. De plus, la crevette nordique renferme deux fois plus de protéines, au moins cinq fois plus de vitamine E et environ trois fois plus de Coenzyme Q10 (un composé aux vertus antioxydantes). Autre atout : à l'opposé des crevettes surgelées, elle ne contient pas de sulfites.

Gratin aux pâtes et fruits de mer

Préparation : **25 minutes** • Cuisson : **15 minutes** • Quantité : **4 portions**

350 g de grosses ou moyennes coquilles
....
1 sac de mélange de crevettes et pétoncles surgelés de 340 g, décongelés
....
60 ml (¼ de tasse) de beurre
....
60 ml (¼ de tasse) d'échalotes sèches hachées
....
10 ml (2 c. à thé) d'ail haché
....
1 poivron rouge coupé en dés
....
10 champignons émincés
....
45 ml (3 c. à soupe) de farine
....
500 ml (2 tasses) de lait
....
80 ml (⅓ de tasse) de persil frais haché
....
15 ml (1 c. à soupe) de zestes de citron
....
125 ml (½ tasse) de chapelure nature
....
250 ml (1 tasse) de gruyère râpé
....

1. Dans une casserole d'eau bouillante salée, cuire les pâtes *al dente*. Égoutter.

2. Dans une autre casserole d'eau bouillante, cuire les fruits de mer de 4 à 5 minutes. Égoutter.

3. Préchauffer le four à 205 °C (400 °F).

4. Dans une troisième casserole, faire fondre le beurre à feu moyen. Cuire les échalotes avec l'ail, le poivron et les champignons de 2 à 3 minutes. Saupoudrer de farine, remuer et cuire 1 minute.

5. Verser le lait et chauffer en fouettant jusqu'aux premiers frémissements. Incorporer les pâtes avec les fruits de mer, la moitié du persil et les zestes.

6. Transférer la préparation dans un plat de cuisson de 20 cm (8 po).

7. Dans un bol, mélanger la chapelure avec le gruyère et le reste du persil. Parsemer les pâtes de ce mélange.

8. Cuire au four 15 minutes, jusqu'à ce que le fromage gratine.

J'aime parce que...

C'est une version originale de coquille Saint-Jacques !

Cette recette est très intéressante pour varier la présentation du classique culinaire qu'est la coquille Saint-Jacques. La majorité des ingrédients demeurent identiques. On remplace simplement les pommes de terre et la crème par des pâtes et de la chapelure pour une coquille Saint-Jacques revisitée !

Tartiflette au saumon fumé

Préparation : 25 minutes • Cuisson : 20 minutes • Quantité : 6 portions

1 kg (2,2 lb) de pommes
de terre
....
15 ml (1 c. à soupe)
d'huile de canola
....
1 petit oignon rouge
émincé
....
15 ml (1 c. à soupe)
de beurre ramolli
....
2 paquets de saumon
fumé de 120 g chacun
....
250 g de reblochon
ou de fromage Oka râpé
....
45 ml (3 c. à soupe) de
crème à cuisson 15 %
....

1. Préchauffer le four à 190 °C
(375 °F).

2. Trancher finement les pommes
de terre. Déposer dans une casserole. Couvrir d'eau froide et saler.
Porter à ébullition. Retirer du feu
et égoutter.

3. Dans une poêle, chauffer l'huile
de canola à feu moyen. Faire dorer
les oignons de 2 à 3 minutes. Retirer du feu et réserver.

4. Beurrer généreusement un plat
de cuisson de 23 cm (9 po). Au fond
du plat, étaler la moitié des pommes
de terre. Couvrir avec les tranches
de saumon fumé, l'oignon rouge et
la moitié du fromage. Couvrir avec
le reste des pommes de terre. Verser
la crème et couvrir avec le reste
du fromage.

5. Cuire au four de 20 à 30 minutes,
jusqu'à ce que les pommes de terre
soient cuites et que le fromage soit
bien doré.

Gratin de poisson et fruits de mer

Préparation : **12 minutes** • Cuisson : **10 minutes** • Quantité : **4 portions**

250 ml (1 tasse) de crème
à cuisson 15 %
....
125 ml (½ tasse)
de fumet de poisson
....
30 ml (2 c. à soupe)
d'échalotes sèches
hachées
....
1 sac de mélange
de fruits de mer surgelés
de 340 g, décongelés
....
400 g (environ 1 lb) de
filets de saumon, sans
peau et coupé en cubes
....
250 ml (1 tasse)
d'emmenthal râpé
....

1. Dans une casserole, mélanger la crème
avec le fumet de poisson. Incorporer les
échalotes, les fruits de mer et le saumon.
Porter à ébullition à feu moyen.

2. Répartir la préparation dans quatre
ramequins.

3. Couvrir d'emmenthal et faire gratiner
au four à la position « gril » (*broil*).

Pâté gratiné au thon à la florentine

Préparation : **25 minutes** • Cuisson : **25 minutes** • Quantité : **de 4 à 6 portions**

5 grosses pommes
de terre (Russet, Idaho
ou Yukon Gold), pelées
et coupées en cubes
....
60 ml (¼ de tasse)
de beurre
....
2 oignons hachés
....
80 ml (⅓ de tasse)
de farine
....
560 ml (2 ¼ tasses) de lait
....
2 boîtes de thon dans l'eau
de 170 g chacune, égoutté
....
1 boîte de champignons
émincés de 284 ml, égouttés
....
250 ml (1 tasse) d'épinards
....
Sel et poivre au goût
....
250 ml (1 tasse) de
mozzarella râpée
....

1. Dans une casserole, déposer les pommes de terre et couvrir d'eau froide salée. Porter à ébullition et cuire jusqu'à tendreté. Égoutter, remettre dans la casserole et réserver.

2. Préchauffer le four à 190 °C (375 °F).

3. Dans une autre casserole, faire fondre le beurre à feu moyen. Faire dorer les oignons de 2 à 3 minutes. Saupoudrer de farine. Remuer et cuire de 1 à 2 minutes, sans colorer la farine. Verser 500 ml (2 tasses) de lait en fouettant. Chauffer jusqu'aux premiers frémissements en fouettant continuellement.

4. Incorporer le thon, les champignons, les épinards et l'assaisonnement. Transférer la préparation dans un plat de cuisson de 22,5 cm x 18 cm (9 po x 7 po).

5. Réduire les pommes de terre en purée avec le reste du lait. Assaisonner.

6. Couvrir la préparation de purée de pommes de terre. Égaliser la surface et saupoudrer de fromage.

7. Cuire au four 25 minutes, jusqu'à ce que le dessus soit gratiné.

Casserole de thon à la provençale

Préparation : **15 minutes** • Cuisson : **12 minutes** • Quantité : **4 portions**

2 poivrons jaunes

2 courgettes

1 oignon

30 ml (2 c. à soupe) d'huile d'olive

1 boîte de 540 ml de tomates en dés

2 boîtes de thon en morceaux de 120 g chacune, égoutté

5 ml (1 c. à thé) d'ail haché

10 ml (2 c. à thé) de thym frais haché

375 ml (1 ½ tasse) de mozzarella râpée

1. Préchauffer le four à 205 °C (400 °F).

2. Couper les poivrons, les courgettes et l'oignon en dés.

3. Dans une poêle allant au four, chauffer l'huile à feu moyen. Saisir l'oignon 1 minute.

4. Ajouter les poivrons et les courgettes. Cuire de 2 à 3 minutes.

5. Ajouter les tomates, le thon, l'ail et le thym. Porter à ébullition.

6. Retirer du feu et parsemer de mozzarella.

7. Cuire au four de 12 à 15 minutes.

Gratin de truite saumonée

Préparation : **20 minutes** • Cuisson : **15 minutes** • Quantité : **4 portions**

625 ml (2 ½ tasses) de lait

Sel et poivre au goût

1 tige de thym

1 oignon émincé

1 feuille de laurier

675 g (1 ½ lb) de truite saumonée, sans peau

80 ml (⅓ de tasse) de beurre

80 ml (⅓ de tasse) de farine

30 ml (2 c. à soupe) d'aneth frais haché

60 ml (¼ de tasse) de parmesan râpé

POUR LA PURÉE :

6 à 8 pommes de terre

60 ml (¼ de tasse) de crème à cuisson 15 % chaude

30 ml (2 c. à soupe) de persil frais haché

10 ml (2 c. à thé) d'ail haché

Sel et poivre au goût

1. Porter à ébullition le lait avec l'assaisonnement, le thym, l'oignon et le laurier. Ajouter le poisson et cuire 5 minutes à feu moyen. Déposer le poisson dans une assiette. Filtrer le lait de cuisson et le réserver.

2. Cuire les pommes de terre dans l'eau bouillante salée. Égoutter et réduire en purée avec la crème, le persil, l'ail et l'assaisonnement.

3. Préchauffer le four à 205 °C (400 °F).

4. Faire fondre le beurre. Ajouter la farine et remuer. Cuire 1 minute, sans colorer la farine. Incorporer le lait filtré. Porter à ébullition en remuant. Émietter le poisson et ajouter à la béchamel avec l'aneth.

5. Répartir dans un plat à gratin de 25 cm x 20 cm (10 po x 8 po).

6. Couvrir de purée et saupoudrer de parmesan.

7. Faire dorer au four de 10 à 15 minutes.

Gratin de saumon et crevettes

Préparation : **20 minutes** • Cuisson : **10 minutes** • Quantité : **4 portions**

450 g (1 lb) de filets de saumon, sans peau
....
2 contenants de sauce Alfredo de 400 ml chacun
....
500 ml (2 tasses) de macédoine de légumes surgelés
....
250 ml (1 tasse) de crevettes nordiques
....
150 g de gouda léger râpé (de type Seigneur de Tilly)
....

1. Couper le saumon en cubes.

2. Dans une casserole, porter à ébullition la sauce Alfredo. Ajouter les légumes et le saumon. Laisser mijoter à feu doux de 5 à 6 minutes.

3. Ajouter les crevettes et prolonger la cuisson de 1 à 2 minutes.

4. Verser dans un plat de cuisson de 20 cm (8 po) ou dans quatre ramequins. Parsemer de fromage.

5. Placer au four sur la grille du centre. Faire gratiner 5 minutes à la position « gril » (*broil*).

Si bons, les légumes !

Pour un repas plus léger qui permet aussi de profiter du bon goût du fromage doré sous le gril, on raffole du gratin de légumes ! En accompagnement nourrissant ou comme plat principal, il fera fureur auprès de vos convives !

Pommes de terre farcies au jambon

Préparation : **15 minutes** • Cuisson : **35 minutes** • Quantité : **4 portions**

4 grosses pommes de terre

125 ml (½ tasse) de lait chaud

250 ml (1 tasse) de jambon
cuit et coupé en dés

250 ml (1 tasse)
d'épinards émincés

375 ml (1 ½ tasse)
de cheddar fort râpé

2 oignons verts hachés

1. Préchauffer le four à 205 °C (400 °F).

2. À l'aide d'une fourchette, piquer les pommes de terre en plusieurs endroits. Cuire au micro-ondes 10 minutes à puissance élevée jusqu'à tendreté.

3. Couper les pommes de terre en deux sur la longueur puis les évider en conservant environ 0,5 cm ($\frac{1}{4}$ de po) d'épaisseur de chair. Déposer la chair retirée dans un bol.

4. Dans le bol, verser le lait chaud. Réduire la chair en purée. Incorporer le jambon, les épinards, la moitié du fromage et les oignons verts.

5. Garnir les pommes de terre avec le mélange. Déposer sur une plaque de cuisson tapissée d'une feuille de papier parchemin. Répartir le reste du fromage sur les pommes de terre.

6. Cuire au four de 25 à 30 minutes.

J'aime avec...

Julienne de courgettes aux fines herbes

Mélanger 60 ml ($\frac{1}{4}$ de tasse) d'huile d'olive avec 15 ml (1 c. à soupe) de jus de citron, 15 ml (1 c. à soupe) de graines de sésame, 30 ml (2 c. à soupe) de ciboulette fraîche hachée et 30 ml (2 c. à soupe) de persil frais haché. Ajouter 3 courgettes taillées en julienne. Saler et poivrer.

Courgettes farcies au jambon

Préparation : **15 minutes** • Cuisson : **25 minutes** • Quantité : **4 portions**

4 courgettes moyennes

375 ml (1 ½ tasse)
de jambon haché

½ poivron rouge
coupé en dés

2 oignons verts hachés

5 ml (1 c. à thé) d'ail haché

Sel et poivre au goût

375 ml (1 ½ tasse)
de fromage suisse râpé

15 ml (1 c. à soupe)
d'huile d'olive

10 ml (2 c. à thé) de thym
frais haché

1. Préchauffer le four à 205 °C (400 °F).

2. Couper les courgettes en deux sur
la longueur et en creuser légèrement
le centre à l'aide d'une cuillère parisienne.

3. Mélanger le jambon avec le poivron,
les oignons verts et l'ail. Assaisonner.

4. Déposer les courgettes sur une plaque
de cuisson tapissée d'une feuille de papier
parchemin. Garnir les moitiés de courgettes
avec la préparation au jambon. Couvrir
de fromage, arroser d'un filet d'huile
et parsemer de thym.

5. Cuire au four de 25 à 30 minutes.

J'aime avec...

Salade de roquette, tomates et amandes

Fouetter 60 ml (¼ de tasse) d'huile d'olive
avec 15 ml (1 c. à soupe) de vinaigre balsamique,
30 ml (2 c. à soupe) de ciboulette fraîche hachée et
60 ml (¼ de tasse) d'amandes en bâtonnets. Ajouter
16 tomates cerises coupées en deux et 500 ml (2 tasses)
de roquette. Saler, poivrer et remuer.

Une recette de Ève Godin, nutritionniste

Aubergines gratinées au tofu

Préparation : **15 minutes** • Cuisson : **33 minutes** • Quantité : **4 portions**

2 aubergines moyennes

30 ml (2 c. à soupe)
d'huile d'olive

60 ml (¼ de tasse)
d'oignons hachés

2 tomates italiennes,
pelées et coupées en dés

1 courgette râpée

1 bloc de tofu ferme
de 454 g, râpé

1 gousse d'ail hachée
finement

Sel et poivre au goût

30 ml (2 c. à soupe)
de parmesan râpé

60 ml (¼ de tasse)
de mozzarella râpée

Basilic frais haché au goût

1. Couper les aubergines en deux sur la longueur puis en quadriller la chair à l'aide d'un couteau. Badigeonner la chair des aubergines avec 15 ml (1 c. à soupe) d'huile d'olive et déposer dans une assiette. Cuire 12 minutes au micro-ondes à puissance maximale, jusqu'à ce que les aubergines soient bien cuites.

2. Dans un plat, verser le reste de l'huile et ajouter les oignons. Couvrir d'une pellicule plastique et cuire 4 minutes au micro-ondes à puissance maximale, jusqu'à ce que les oignons soient tendres.

3. Retirer la chair des aubergines en prenant soin de ne pas transpercer la pelure. Réserver les pelures évidées. Hacher la chair et l'ajouter aux oignons avec les tomates, la courgette, le tofu, l'ail, le sel et le poivre. Bien mélanger. Couvrir à nouveau et cuire 15 minutes à puissance maximale, jusqu'à ce que la préparation soit cuite. Incorporer le parmesan.

4. Garnir les pelures d'aubergines évidées de la préparation puis de mozzarella. Cuire au micro-ondes à découvert 2 minutes à puissance maximale, jusqu'à ce que le fromage fonde ou faire gratiner au four de 1 à 2 minutes à la position « gril » (*broil*). Garnir de basilic et servir.

Röstis au gruyère

Préparation : **20 minutes** • Cuisson : **12 minutes** • Quantité : **de 8 à 10 portions**

6 pommes de terre
à chair jaune
·······
1 œuf
·······
30 ml (2 c. à soupe)
de ciboulette fraîche
hachée
·······
1 oignon rouge haché
·······
10 ml (2 c. à thé)
de thym frais haché
·······
15 ml (1 c. à soupe)
de fécule de maïs
·······
30 ml (2 c. à soupe)
de beurre
·······
375 ml (1 ½ tasse)
de gruyère râpé
·······

1. Peler les pommes de terre. Dans
une casserole d'eau bouillante salée,
blanchir les pommes de terre de 3 à
4 minutes. Égoutter et laisser tiédir.

2. À l'aide d'une râpe moyenne, râper
les pommes de terre.

3. Dans un bol, battre l'œuf. Ajouter
les pommes de terre râpées, la ciboulette,
l'oignon, le thym et la fécule. Bien mélanger.

4. Dans une poêle, faire fondre la moitié du
beurre à feu doux-moyen. Déposer environ
125 ml (½ tasse) de préparation par rösti et
aplatir légèrement pour former des galettes.
Cuire 3 minutes de chaque côté. Répéter
avec le reste de la préparation.

5. Déposer les röstis sur une plaque de cuisson tapissée d'une feuille de papier parchemin. Répartir le gruyère sur les röstis et faire
gratiner au four à la position « gril » (*broil*)
de 1 à 2 minutes.

Pommes de terre farcies au cheddar

Préparation : **8 minutes** • Cuisson : **35 minutes** • Quantité : **4 portions**

4 grosses pommes
de terre
·······
30 ml (2 c. à soupe)
de persil frais haché
·······
4 oignons verts émincés
·······
30 ml (2 c. à soupe)
de ciboulette fraîche
hachée
·······
125 ml (½ tasse) de
crème à cuisson 15 %
·······
250 ml (1 tasse)
de cheddar râpé
·······
Sel et poivre au goût
·······

1. Préchauffer le four à 205 °C (400 °F).

2. À l'aide d'une fourchette, piquer les
pommes de terre en plusieurs endroits.
Cuire au micro-ondes 10 minutes
à puissance élevée jusqu'à tendreté.

3. Couper les pommes de terre en deux sur
la longueur puis les évider en conservant
environ 0,5 cm (¼ de po) d'épaisseur de
chair. Déposer la chair retirée dans un bol.

4. Réduire la chair en purée. Incorporer
le persil, les oignons verts, la ciboulette,
la crème et la moitié du fromage.
Assaisonner.

5. Garnir les pommes de terre avec le
mélange. Déposer sur une plaque de cuisson
tapissée d'une feuille de papier parchemin.
Répartir le reste du fromage sur les pommes
de terre.

6. Cuire au four de 25 à 30 minutes.

Poivrons farcis à la niçoise

Préparation : 30 minutes • Cuisson : 25 minutes • Quantité : 4 portions

125 ml (½ tasse) de riz blanc à grains longs

2 gros poivrons rouges

1 branche de céleri

1 oignon

1 courgette

1 tomate italienne

30 ml (2 c. à soupe) d'huile d'olive

5 ml (1 c. à thé) d'ail haché

10 ml (2 c. à thé) de thym frais haché

30 ml (2 c. à soupe) de basilic frais émincé

2 boîtes de thon de 170 g chacune, égoutté

Sel et poivre au goût

250 ml (1 tasse) de sauce tomate

125 ml (½ tasse) d'emmenthal ou de cheddar râpé

1. Cuire le riz selon les indications de l'emballage.

2. Couper les poivrons en deux sur la longueur et les épépiner. Dans une casserole d'eau bouillante salée, cuire les poivrons 10 minutes. Égoutter.

3. Couper le céleri, l'oignon, la courgette et la tomate en dés.

4. Dans une poêle, chauffer l'huile à feu moyen. Faire dorer l'oignon de 1 à 2 minutes. Ajouter l'ail et le reste des légumes. Cuire 2 minutes.

5. Dans un bol, mélanger le riz avec les fines herbes, le thon et les légumes. Assaisonner. Farcir les poivrons avec la préparation.

6. Préchauffer le four à 205 °C (400 °F).

7. Verser la sauce tomate dans un grand plat de cuisson. Déposer les poivrons farcis sur la sauce et parsemer d'emmenthal.

8. Cuire au four 25 minutes.

Tomates gratinées
aux fines herbes et parmesan

Préparation : 15 minutes • Cuisson : **10 minutes** • Quantité : **4 portions**

125 ml (½ tasse)
de chapelure nature
....
5 ml (1 c. à thé)
d'ail haché
....
45 ml (3 c. à soupe)
de persil frais haché
....
15 ml (1 c. à soupe) de
ciboulette fraîche hachée
....
125 ml (½ tasse)
de parmesan râpé
....
45 ml (3 c. à soupe)
d'huile d'olive
....
Sel et poivre au goût
....
4 tomates italiennes
....

1. Préchauffer le four à 205 °C (400 °F).

2. Dans le contenant du robot culinaire, mélanger la chapelure avec l'ail, le persil, la ciboulette, la moitié du parmesan, l'huile et l'assaisonnement jusqu'à l'obtention d'une chapelure.

3. Couper les tomates en deux et les déposer dans un plat de cuisson. Couvrir les tomates de chapelure et parsemer du reste du parmesan.

4. Cuire au four de 10 à 12 minutes.

Choux de Bruxelles au mascarpone et parmesan

Préparation : 15 minutes • Cuisson : 32 minutes • Quantité : 4 portions

600 g (environ 1 ⅓ lb)
de choux de Bruxelles

45 ml (3 c. à soupe)
de beurre

30 ml (2 c. à soupe)
de farine

375 ml (1 ½ tasse) de lait

125 ml (½ tasse)
de mascarpone

45 ml (3 c. à soupe)
de basilic frais émincé

Sel et poivre au goût

125 ml (½ de tasse)
de chapelure assaisonnée
à l'italienne

125 ml (½ tasse)
de parmesan râpé

1. Enlever les premières feuilles des choux de Bruxelles et inciser en croix la base de chacun d'eux.

2. Blanchir les choux dans l'eau bouillante salée de 7 à 8 minutes. Égoutter.

3. Préchauffer le four à 190 °C (375 °F).

4. Dans une casserole, faire fondre le beurre à feu moyen. Ajouter la farine, remuer et cuire 1 minute, sans colorer la farine.

5. Incorporer le lait et porter à ébullition en fouettant. Incorporer le mascarpone, le basilic, l'assaisonnement et les choux de Bruxelles.

6. Transférer la préparation dans un plat de cuisson de 20 cm (8 po).

7. Dans un bol, mélanger la chapelure avec le parmesan. Parsemer le mélange sur le gratin.

8. Cuire au four de 25 à 30 minutes.

Mini-gratins de courge spaghetti aux champignons

Préparation : **20 minutes** • Cuisson : **35 minutes** • Quantité : **4 portions**

1 petite courge
spaghetti
....
500 ml (2 tasses)
de sauce marinara
....
30 ml (2 c. à soupe)
de basilic frais émincé
....
30 ml (2 c. à soupe)
de ciboulette fraîche
hachée
....
8 champignons
émincés
....
375 ml (1 ½ tasse)
de cheddar râpé
....

1. Couper la courge en deux sur la longueur et retirer les graines à l'aide d'une cuillère. Déposer les moitiés de courge dans un plat de cuisson, côté chair dessus. Ajouter un peu d'eau dans le plat et couvrir d'une pellicule plastique. Cuire au micro-ondes à intensité élevée 15 minutes.

2. À l'aide d'une fourchette, gratter l'intérieur de la courge pour en retirer les filaments.

3. Préchauffer le four à 205 °C (400 °F).

4. Dans un bol, mélanger la sauce avec les fines herbes.

5. Répartir la chair de la courge dans quatre ramequins beurrés. Garnir chaque portion de champignons, de sauce et de fromage.

6. Cuire au four 20 minutes.

Chou-fleur au bacon

Préparation : 20 minutes • Cuisson : 15 minutes • Quantité : 4 portions

1 chou-fleur coupé
en bouquets
....
45 ml (3 c. à soupe)
de beurre
....
2,5 ml (½ c. à thé)
de curcuma
....
45 ml (3 c. à soupe)
de farine
....
500 ml (2 tasses) de lait
....
Sel et poivre au goût
....
375 ml (1 ½ tasse)
de cheddar râpé
....
80 ml (⅓ de tasse)
de bacon cuit
et émietté
....

1. Préchauffer le four à 190 °C (375 °F).

2. Faire blanchir le chou-fleur dans l'eau bouillante salée de 2 à 3 minutes. Égoutter.

3. Dans une casserole, faire fondre le beurre avec le curcuma à feu moyen.

4. Ajouter la farine. Remuer et cuire 1 minute. Verser le lait et fouetter jusqu'à ébullition. Assaisonner. Ajouter la moitié du fromage, le chou-fleur et le bacon. Remuer.

5. Transférer dans un plat de cuisson et parsemer du reste du fromage.

6. Cuire au four de 15 à 20 minutes.

Champignons en gratin

Préparation : 15 minutes • Cuisson : 15 minutes • Quantité : 4 portions

60 ml (¼ de tasse) d'échalotes sèches hachées
....

125 ml (½ tasse) de vin blanc sec
....

30 ml (2 c. à soupe) de farine
....

250 ml (1 tasse) de bouillon de poulet
....

1 contenant de fromage à la crème, ciboulette et oignon de 250 g
....

10 ml (2 c. à thé) d'ail haché
....

675 g (environ 1 ½ lb) de champignons coupés en deux
....

125 ml (½ tasse) de chapelure nature
....

30 ml (2 c. à soupe) de persil frais haché
....

125 ml (½ tasse) de parmesan râpé
....

1. Préchauffer le four à 205 °C (400 °F).

2. Dans une casserole, chauffer les échalotes avec le vin blanc de 2 à 3 minutes à feu moyen, jusqu'à réduction complète du liquide.

3. Saupoudrer de farine et remuer. Ajouter le bouillon, le fromage et l'ail. Chauffer jusqu'aux premiers frémissements en remuant.

4. Ajouter les champignons et cuire de 4 à 5 minutes à feu doux. Verser dans un plat de cuisson.

5. Dans un bol, mélanger la chapelure avec le persil et le parmesan.

6. Couvrir la préparation aux champignons du mélange de chapelure.

7. Cuire au four 15 minutes.

Courge musquée en gratin

Préparation : 15 minutes • Cuisson : 40 minutes • Quantité : 4 portions

1 courge musquée
....
1 oignon haché
....
2 tomates coupées en dés
....
30 ml (2 c. à soupe) d'huile d'olive
....
Sel et poivre au goût
....
375 ml (1 ½ tasse) de fromage edam râpé
....

1. Préchauffer le four à 205 °C (400 °F).

2. Peler la courge, puis retirer les graines et les filaments. Couper la courge en dés.

3. Dans un bol, mélanger les dés de courge avec l'oignon, les tomates et l'huile. Assaisonner.

4. Verser la préparation dans un plat de cuisson de 20 cm (8 po).

5. Cuire au four de 35 à 40 minutes.

6. Couvrir de fromage et prolonger la cuisson de 5 à 8 minutes.

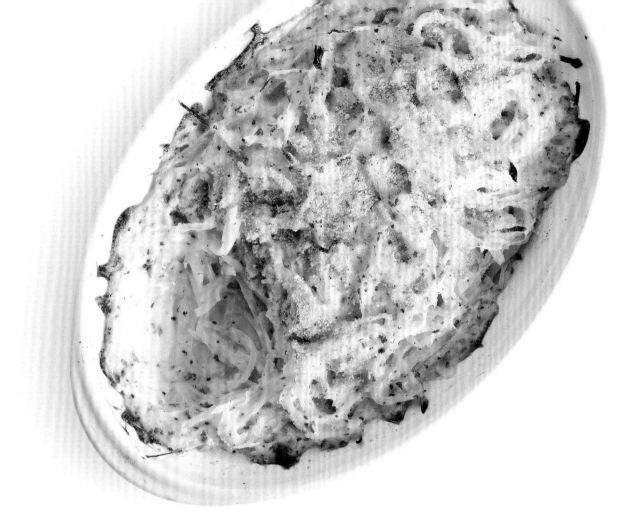

Chou en gratin

Préparation : **20 minutes** • Cuisson : **20 minutes** • Quantité : **de 4 à 6 portions**

1 petit chou vert émincé

60 ml (¼ de tasse)
de beurre

60 ml (¼ de tasse)
de farine

500 ml (2 tasses) de lait

Sel et poivre au goût

375 ml (1 ½ tasse)
de cheddar râpé

15 ml (1 c. à soupe) de
moutarde à l'ancienne

60 ml (¼ de tasse)
de persil frais haché

80 ml (⅓ de tasse)
de chapelure nature

1. Préchauffer le four à 205 °C (400 °F).

2. Blanchir le chou dans l'eau bouillante salée
de 4 à 5 minutes. Égoutter.

3. Dans une casserole, faire fondre le beurre
à feu moyen. Ajouter la farine et remuer.
Verser le lait, assaisonner et porter à ébullition en fouettant.

4. Incorporer le cheddar et remuer jusqu'à
ce qu'il soit fondu. Ajouter la moutarde et
le persil.

5. Beurrer un plat de cuisson de 20 cm
(8 po) et y répartir la préparation.

6. Verser la sauce et parsemer de chapelure.

7. Cuire au four de 20 à 25 minutes.

Gratin de courgettes au cheddar et tomates

Préparation : **20 minutes** • Cuisson : **30 minutes** • Quantité : **de 4 à 6 portions**

30 ml (2 c. à soupe)
d'huile d'olive
....
4 courgettes coupées
en rondelles
....
60 ml (¼ de tasse)
de beurre
....
60 ml (¼ de tasse)
de farine
....
500 ml (2 tasses) de lait

Sel et poivre au goût
....

250 ml (1 tasse)
de cheddar râpé
....
2,5 ml (½ c. à thé)
de muscade
....
3 tomates épépinées
et coupées en dés
....
250 ml (1 tasse)
de mozzarella râpée
....

1. Préchauffer le four à 190 °C (375 °F).

2. Dans une poêle, chauffer l'huile à feu moyen. Cuire les courgettes de 3 à 4 minutes. Réserver.

3. Dans une casserole, faire fondre le beurre à feu moyen. Ajouter la farine et cuire 1 minute en remuant, sans colorer la farine. Verser le lait et porter à ébullition en fouettant constamment. Assaisonner.

4. Incorporer le cheddar et remuer jusqu'à ce qu'il soit fondu. Ajouter la muscade, les courgettes et les tomates.

5. Transférer la préparation dans un plat de cuisson de 20 cm (8 po).

6. Parsemer de mozzarella et cuire au four 30 minutes.

Délicieux sandwichs gratinés

Un sandwich pour dîner...
ennuyant, vous dites?
Pas lorsqu'il est
généreusement garni
de fromage fondu
onctueux. *Grilled cheese*,
croque-monsieur, panini,
focaccia... Redécouvrez
le plaisir de les manger
grâce à ces recettes
originales. C'est
tellement bon!

Tartine de poulet aux poivrons et mozzarella

Préparation : **25 minutes** • Quantité : **4 portions**

2 poitrines de poulet sans peau

5 ml (1 c. à thé) d'ail haché

5 ml (1 c. à thé) de thym frais haché

45 ml (3 c. à soupe) d'huile d'olive

1 poivron rouge émincé

Sel et poivre au goût

1 petite baguette de pain

375 ml (1 ½ tasse)
de mozzarella râpée

30 ml (2 c. à soupe)
de basilic frais émincé

1. Émincer finement les poitrines. Dans un bol, mélanger le poulet avec l'ail et le thym.

2. Dans une poêle, chauffer 30 ml (2 c. à soupe) d'huile à feu moyen. Ajouter le poulet émincé et cuire 4 minutes en remuant. Ajouter le poivron et cuire 1 minute. Assaisonner et retirer du feu.

3. Couper la baguette en deux puis trancher chacun des morceaux en deux sur l'épaisseur. Déposer les pains sur une plaque de cuisson et faire griller au four à la position « gril » (*broil*).

4. Répartir le poulet sur les pains. Couvrir de mozzarella et faire gratiner au four de 2 à 3 minutes.

5. Garnir chaque portion de basilic et du reste de l'huile d'olive.

J'aime avec...

Rémoulade aux pommes

Dans un saladier, mélanger 60 ml (¼ de tasse) de mayonnaise avec 45 ml (3 c. à soupe) de ciboulette fraîche hachée, 30 ml (2 c. à soupe) de jus de citron et 15 ml (1 c. à soupe) de moutarde à l'ancienne. Saler et poivrer. Éplucher 1 céleri-rave. Couper le céleri-rave et 2 pommes en julienne. Ajouter dans le saladier et remuer.

Grilled cheese gourmand au prosciutto et poires

Préparation : **15 minutes** • Cuisson : **10 minutes** • Quantité : **4 portions**

250 ml (1 tasse) de lait 2 % M.G.
....
45 ml (3 c. à soupe) de farine tout usage non blanchie
....
15 ml (1 c. à soupe) de moutarde de Dijon
....
Sel et poivre au goût
....
2 poires Bartlett mûres
....
8 tranches de pain
....
4 tranches de prosciutto
....
180 ml (¾ de tasse) de fromage à pâte ferme râpé
....

1. Préchauffer le four à 250 °C (475 °F).

2. Dans une casserole, verser le lait. Incorporer la farine en pluie fine en fouettant jusqu'à l'obtention d'un mélange lisse. Porter à ébullition en remuant constamment, jusqu'à ce que la préparation épaississe. Retirer du feu et incorporer la moutarde, le sel et le poivre.

3. Peler les poires et les couper en fines tranches.

4. Répartir la moitié de la béchamel sur 4 tranches de pain déposées sur une plaque de cuisson. Garnir de prosciutto et de tranches de poires. Recouvrir des 4 autres tranches de pain et napper avec la béchamel restante. Parsemer de fromage râpé.

5. Cuire au four 10 minutes, jusqu'à ce que le fromage soit bien gratiné.

Le saviez-vous ?...

Comment réaliser une béchamel allégée

Une sauce béchamel renferme habituellement autant de farine que de beurre. Mais saviez-vous qu'il est possible de réaliser une sauce onctueuse sans ajout de matières grasses ? On obtient ce résultat en fouettant la farine avec le lait froid hors du feu, puis en chauffant le mélange jusqu'à épaississement. Pour une sauce bien homogène, utilisez une passoire pour verser la farine en pluie fine.

Croque-monsieur

Préparation : **25 minutes** • Cuisson : **12 minutes** • Quantité : **4 portions**

8 tranches de miche belge d'environ 1,5 cm (⅔ de po) d'épaisseur
....
8 tranches de jambon
....
8 tranches de capicollo épicé
....
250 g de fromage
Le fin Renard râpé
....

POUR LA SAUCE BÉCHAMEL :

45 ml (3 c. à soupe) de beurre
....
45 ml (3 c. à soupe) de farine
....
250 ml (1 tasse) de lait
....
2,5 ml (½ c. à thé) de muscade
....
Sel et poivre au goût
....

1. Préchauffer le four à 205 °C (400 °F).

2. Dans une casserole, faire fondre le beurre. Ajouter la farine, remuer et cuire 1 minute. Incorporer le lait en fouettant. Ajouter la muscade et assaisonner. Chauffer à feu moyen en fouettant constamment jusqu'à ébullition.

3. Étaler la moitié de la béchamel sur quatre tranches de pain. Garnir de tranches de jambon, de capicollo et de la moitié du fromage. Couvrir avec les quatre autres tranches de pain. Napper du reste de la béchamel et parsemer du reste du fromage.

4. Faire griller au four de 12 à 15 minutes.

J'aime avec...

Salade express de betteraves et noix

Dans un saladier, mélanger 60 ml (¼ de tasse) d'huile d'olive avec 15 ml (1 c. à soupe) de vinaigre de cidre, 15 ml (1 c. à soupe) de moutarde à l'ancienne, 80 ml (⅓ de tasse) de noix de Grenoble hachées et 45 ml (3 c. à soupe) de ciboulette fraîche hachée. Ajouter le contenu d'un sac de julienne de betteraves de 340 g (de type Saladexpress). Remuer.

Focaccia au brie et légumes grillés

Préparation : **15 minutes** • Cuisson : **8 minutes** • Quantité : **4 portions**

2 champignons portobello

1 courgette

1 poivron rouge

1 oignon

15 ml (1 c. à soupe) d'huile d'olive

Sel et poivre au goût

2 pains focaccia aux herbes de Toscane

250 g de brie

30 ml (2 c. à soupe) de feuilles de basilic émincées

1. Préchauffer le four à la position «gril» (*broil*).

2. Couper les légumes en tranches fines. Déposer sur une plaque de cuisson, arroser d'un filet d'huile et assaisonner. Cuire au four de 3 à 4 minutes sur la grille supérieure du four. Retourner les légumes et cuire de 3 à 4 minutes.

3. Couper les focaccias en deux sur l'épaisseur. Faire dorer au four 2 minutes à la position «gril» (*broil*).

4. Garnir les focaccias de légumes grillés. Couvrir avec le brie et parsemer de basilic.

Le saviez-vous ?

Tout sur le portobello

Le portobello est un champignon parvenu à un stade de maturité avancé, ce qui explique que son chapeau atteigne parfois jusqu'à 20 centimètres. Sa chair croquante à la saveur légèrement sucrée exhale un parfum prononcé. À l'achat, choisissez des portobellos au chapeau ferme et dénué de taches. Conservez-les au frigo jusqu'à une semaine dans leur contenant d'origine (ou un sac de papier) en veillant à les éloigner des aliments odorants (poisson, fromage…), car ils absorbent facilement les odeurs. Comme ils noircissent vite, brossez-les tout juste avant de les cuisiner.

Sandwichs gratinés thon et poires

Préparation : **15 minutes** • Cuisson : **3 minutes** • Quantité : **4 portions**

2 branches de céleri

1 poivron rouge

2 poires avec pelure

250 ml (1 tasse)
de yogourt nature

2 boîtes de thon pâle
dans l'eau de 170 g
chacune, égoutté

2 pains plats à hamburger

375 ml (1 ½ tasse)
de bébés épinards

125 ml (½ tasse)
de mozzarella râpée

1. Préchauffer le four à la position « gril »
(*broil*).

2. Couper le céleri et le poivron en dés.
Couper les poires en quartiers.

3. Dans un bol, mélanger le yogourt avec
les légumes et le thon.

4. Séparer les pains en deux. Répartir les
épinards et les poires et sur les pains. Garnir
de préparation au thon et de fromage.

5. Faire gratiner au centre du four
de 3 à 4 minutes.

Muffins anglais au saumon fumé

Préparation : **15 minutes** • Cuisson : **5 minutes** • Quantité : **4 portions**

4 muffins anglais

30 ml (2 c. à soupe) d'huile d'olive

2 tomates coupées en dés

125 ml (½ tasse) de sauce tomate au basilic

1 oignon haché

8 tranches de saumon fumé, émincées

½ casseau de champignons blancs, émincés

Sel et poivre au goût

250 ml (1 tasse) de fontina râpée

10 ml (2 c. à thé) de thym frais haché

10 ml (2 c. à thé) de romarin frais haché

1. Préchauffer le four à 205 °C (400 °F).

2. Couper les muffins anglais en deux sur l'épaisseur. Déposer sur une plaque de cuisson tapissée d'une feuille de papier parchemin. Badigeonner les pains d'huile d'olive.

3. Dans un bol, mélanger les tomates avec la sauce, l'oignon, le saumon et les champignons. Assaisonner.

4. Garnir les moitiés de muffins de la préparation aux tomates. Couvrir de fromage, puis parsemer de thym et de romarin.

5. Cuire au four 5 minutes.

Pizzas croissants primavera

Préparation : **10 minutes** • Cuisson : **5 minutes** • Quantité : **4 portions**

1 courgette verte
coupée en petits dés
....
1 poivron orange
coupé en petits dés
....
16 asperges coupées
en morceaux
....
30 ml (2 c. à soupe)
d'huile d'olive
....
15 ml (1 c. à soupe)
de basilic frais émincé
....
Sel et poivre au goût
....
4 croissants
....
250 ml (1 tasse)
de jarlsberg râpé
....

1. Préchauffer le four à 205 °C (400 °F).

2. Dans un bol, mélanger les légumes avec l'huile d'olive et le basilic. Assaisonner.

3. Tapisser une plaque de cuisson d'une feuille de papier parchemin. Couper les croissants en deux et déposer sur la plaque. Garnir chaque demi-croissant de légumes. Couvrir de fromage.

4. Cuire au four de 5 à 10 minutes.

Croque-monsieur à la truite fumée, sauce aux deux fromages

Préparation : 15 minutes • Cuisson : 5 minutes • Quantité : 4 portions

24 asperges

2 paquets de truite fumée de 70 g chacun

45 ml (3 c. à soupe) de beurre

45 ml (3 c. à soupe) de farine

250 ml (1 tasse) de lait

½ contenant de fromage à la crème au saumon fumé de 250 g

60 ml (¼ de tasse) de gruyère râpé

Sel et poivre au goût

4 tranches de pain

45 ml (3 c. à soupe) de parmesan râpé

1. Dans une casserole d'eau bouillante salée, cuire les asperges de 2 à 3 minutes. Refroidir sous l'eau très froide et égoutter.

2. Séparer les asperges en paquets de six. Enrouler deux tranches de truite fumée autour de chacun des paquets.

3. Dans une casserole, faire fondre le beurre à feu moyen et incorporer la farine. Cuire 1 minute en remuant. Ajouter le lait et le fromage à la crème. Porter à ébullition en fouettant. Poursuivre la cuisson jusqu'à l'obtention d'une préparation homogène. Retirer du feu. Incorporer le gruyère. Saler et poivrer.

4. Faire griller les tranches de pain.

5. Déposer les tranches de pain sur une plaque de cuisson et napper d'un peu de sauce. Déposer un rouleau de truite et asperges sur chaque tranche de pain. Napper de sauce et saupoudrer de parmesan. Cuire au four de 4 à 5 minutes, à la position « gril » (*broil*), jusqu'à ce que le fromage soit gratiné.

Frittatas, strattas, etc.

À l'heure du brunch,

le fromage gratiné

vole encore la vedette !

Les omelettes, cassolettes

et autres mets à base

d'œufs gagnent en saveur

et en texture. Laissez-vous

inspirer par nos recettes

savoureuses à faire

fondre de plaisir !

Stratta aux épinards et chorizo

Préparation : **20 minutes** • Réfrigération : **12 heures** • Cuisson : **35 minutes**
Quantité : **8 portions**

6 œufs
....
375 ml (1 ½ tasse) de lait
....
80 ml (⅓ de tasse)
de crème à cuisson 15 %
....
Sel et poivre au goût
....
500 ml (2 tasses) d'épinards
ou de roquette émincés
....
100 g de chorizo doux
ou de prosciutto émincé
....
45 ml (3 c. à soupe) d'échalotes
sèches émincées
....
½ baguette de pain rassis
(de la veille), coupée
en petits cubes
....
250 ml (1 tasse) de fromage
suisse râpé
....

1. La veille, préparer la stratta. Dans un bol, fouetter les œufs avec le lait et la crème. Assaisonner.

2. Incorporer les épinards, le chorizo, les échalotes et les cubes de pain. Beurrer une assiette à tarte de 23 cm (9 po) et y verser la préparation. Parsemer de fromage.

3. Couvrir et réfrigérer jusqu'au lendemain.

4. Au moment de la cuisson, préchauffer le four à 190 °C (375 °F). Cuire la stratta au four de 35 à 40 minutes.

Le saviez-vous ?

La stratta est parfaite pour le brunch

Composée d'œufs, de lait, de fromage et de cubes de pain, la stratta est une variation typiquement italienne de l'omelette traditionnelle. Pour en faire ressortir la saveur et la texture moelleuse, elle gagne à être préparée la veille et à reposer toute une nuit. Le matin du brunch, il ne reste plus qu'à cuire au four cette délicieuse recette qui se déguste chaude ou froide !

Quiche jardinière au bacon

Préparation : **15 minutes** • Cuisson : **40 minutes** • Quantité : **de 4 à 6 portions**

500 ml (2 tasses) de brocoli
taillé en bouquets
....
250 g (environ ½ lb)
de pâte à tarte
....
3 œufs
....
375 ml (1 ½ tasse) de lait
....
Sel et poivre au goût
....
1,25 ml (¼ de c. à thé)
de muscade
....
375 ml (1 ½ tasse)
de fromage suisse râpé
....
125 ml (½ tasse) de poivrons
grillés, égouttés et émincés
....
8 tranches de bacon
cuites et émincées
....

1. Préchauffer le four à 190 °C (375 °F).

2. Dans une casserole d'eau bouillante
salée, faire blanchir les bouquets de brocoli
de 2 à 3 minutes. Égoutter.

3. Sur une surface farinée, abaisser la pâte
en un cercle de 22 cm (8 ¾ po). Déposer
dans une assiette à tarte de 20 cm (8 po).

4. Dans un bol, fouetter les œufs avec
le lait et la muscade. Assaisonner.

5. Sur la pâte, répartir le fromage,
les poivrons grillés, le bacon et le brocoli.
Couvrir du mélange d'œufs et de lait.

6. Cuire au four de 40 à 45 minutes.

J'aime avec...

Salade de mâche aux pacanes

Dans un saladier, mélanger 60 ml (¼ de tasse)
d'huile d'olive avec 15 ml (1 c. à soupe) de vinaigre
de xérès, 80 ml (⅓ de tasse) de pacanes et 1 petit oignon
rouge émincé. Saler et poivrer. Ajouter 500 ml (2 tasses)
de mâche et remuer.

Tulipes-déjeuner

Préparation : **15 minutes** • Cuisson : **20 minutes** • Quantité : **4 portions**

8 tranches de pain
....
8 tranches de jambon
....
250 ml (1 tasse) de fromage
havarti râpé
....
8 œufs battus
....
2,5 ml (½ c. à thé)
de paprika fumé
....

1. Préchauffer le four à 205 °C (400 °F).

2. Beurrer les alvéoles d'un moule à muffins.
À l'aide d'un rouleau à pâte, écraser les tranches
de pain. Déposer les tranches de pain aplaties
dans les alvéoles et les façonner afin de former
une coupelle.

3. Déposer une tranche de jambon dans chacune des coupelles de manière à en tapisser
les parois. Répartir le fromage et les œufs
battus dans les coupelles.

4. Cuire au four de 20 à 25 minutes.

5. Au moment de servir, saupoudrer
de paprika fumé.

J'aime avec...

Poêlée de pommes de terre aux oignons et champignons

Dans une poêle, faire fondre 30 ml (2 c. à soupe) de beurre.
Cuire 1 oignon et 6 champignons émincés de 1 à 2 minutes.
Ajouter 500 g (environ 1 lb) de pommes de terre parisiennes.
Saler et poivrer. Cuire de 2 à 3 minutes en remuant de temps
en temps. Au moment de servir, saupoudrer de 45 ml (3 c. à
soupe) de persil frais haché.

Rouleaux d'asperges et jambon au gratin

Préparation : **15 minutes** • Cuisson : **8 minutes** • Quantité : **4 portions**

40 asperges
....
60 ml (¼ de tasse)
de beurre
....
60 ml (¼ de tasse)
de farine
....
500 ml (2 tasses)
de lait
....
125 g de gouda

Sel et poivre au goût
....
8 tranches de jambon
Forêt-Noire
....

1. Préchauffer le four à 190 °C (375 °F).

2. Dans une casserole d'eau bouillante salée, faire blanchir les asperges 3 minutes. Égoutter et rafraîchir sous l'eau froide. Égoutter de nouveau et enrouler dans du papier absorbant.

3. Dans une casserole, faire fondre le beurre à feu moyen. Incorporer la farine et cuire 1 minute en remuant. Incorporer le lait progressivement en fouettant. Porter à ébullition en fouettant constamment.

4. Retirer du feu et incorporer le fromage. Assaisonner. Remuer jusqu'à ce que le fromage soit fondu.

5. Déposer cinq asperges sur chacune des tranches de jambon. Enrouler en serrant bien. Maintenir les rouleaux fermés à l'aide de cure-dents.

6. Déposer les rouleaux dans un plat allant au four et verser la sauce au fromage. Faire gratiner au four de 8 à 10 minutes.

Le saviez-vous ?

On peut préparer la sauce à l'avance

Pour gagner de précieuses minutes en cuisine, vous pouvez préparer la sauce au fromage jusqu'à 48 heures à l'avance. Une fois refroidie, placez-la au réfrigérateur dans un contenant hermétique jusqu'au moment de l'utilisation. Tout aussi savoureuse, cette sauce déjà cuisinée vous permettra de passer plus de temps avec vos convives.

Œufs au gratin en cassolette

Préparation : **20 minutes** • Cuisson : **10 minutes** • Quantité : **4 portions**

30 ml (2 c. à soupe)
d'huile d'olive
....
250 ml (1 tasse) de pommes
de terre cuites et coupées
en cubes
....
2 oignons émincés
....
125 ml (½ tasse) de jambon
en dés
....
250 ml (1 tasse)
de champignons émincés
....
2 courgettes en dés
....
2 tomates en dés
....
1 poivron jaune en dés
....
Sel et poivre au goût
....
4 œufs
....
80 ml (⅓ de tasse)
de mozzarella râpée
....

1. Préchauffer le four à 190 °C (375 °F).

2. Dans une poêle, chauffer l'huile à feu moyen. Faire revenir les pommes de terre avec les oignons et le jambon de 3 à 4 minutes.

3. Ajouter les champignons, les courgettes, les tomates et le poivron. Assaisonner et cuire à feu moyen de 3 à 4 minutes.

4. Beurrer quatre ramequins. Répartir le mélange de légumes et de jambon. Casser un œuf dans chacun des ramequins et parsemer de fromage.

5. Cuire au four de 10 à 15 minutes.

J'aime aussi...

Avec d'autres types de fromage

Le fromage mozzarella est très doux. Pour relever le goût de cette recette, optez plutôt pour d'autres types de fromage tels que du cheddar fort, du gouda (le Bergeron classique, par exemple) ou de l'emmenthal mélangé à du parmesan râpé. En général, les fromages à pâte ferme et demi-ferme se prêtent bien aux gratins ; plus ils sont vieux, plus leur goût est prononcé.

Casserole de pommes de terre, épinards et œufs

Préparation : **25 minutes** • Cuisson : **15 minutes** • Quantité : **4 portions**

6 pommes de terre

60 ml (¼ de tasse)
de lait

15 ml (1 c. à soupe)
de moutarde à l'ancienne

30 ml (2 c. à soupe)
de beurre

1 oignon haché

1 contenant de bébés
épinards de 142 g

4 œufs cuits dur
et tranchés

250 ml (1 tasse)
de sauce au parmesan

250 ml (1 tasse)
de fromage suisse râpé

5 ml (1 c. à thé)
de paprika

1. Cuire les pommes de terre dans
une casserole d'eau bouillante salée.
Égoutter et réserver.

2. Dans la même casserole, faire chauffer le
lait avec la moutarde. Remettre les pommes
de terre dans la casserole et réduire en purée.

3. Préchauffer le four à 190 °C (375 °F).

4. Dans une poêle, faire fondre le beurre
à feu doux-moyen. Faire dorer l'oignon
de 1 à 2 minutes.

5. Beurrer quatre ramequins et y répartir
les épinards et les œufs. Couvrir de sauce,
de purée puis de fromage. Saupoudrer
de paprika.

6. Cuire au four de 15 à 20 minutes.

Stratta au jambon et asperges

Préparation : **10 minutes** • Réfrigération : **3 heures** • Cuisson : **50 minutes**
Quantité : **de 6 à 8 portions**

1,25 litre (5 tasses)
de pain blanc coupé
en cubes

250 ml (1 tasse) de
jambon coupé en dés

10 asperges, cuites
et émincées

2 échalotes sèches
émincées

6 œufs

500 ml (2 tasses) de lait

15 ml (1 c. à soupe)
de persil frais haché

10 ml (2 c. à thé)
de thym frais haché

30 ml (2 c. à soupe)
de moutarde de Dijon

125 ml (½ tasse)
de provolone râpé

125 ml (½ tasse)
de cheddar râpé

Sel et poivre au goût

1. Beurrer un plat de cuisson de 20 cm (8 po)
et y répartir les cubes de pain, le jambon,
les asperges et les échalotes.

2. Dans un bol, fouetter les œufs avec le lait,
les fines herbes, la moutarde et la moitié
des fromages. Assaisonner.

3. Répartir uniformément le mélange dans
le plat de cuisson. Couvrir d'une pellicule
plastique et laisser reposer au réfrigérateur
toute la nuit ou au moins 3 heures.

4. Au moment de la cuisson, préchauffer
le four à 180 °C (350 °F).

5. Étaler le reste du fromage sur la stratta
et cuire au four de 50 à 60 minutes. À mi-
cuisson, couvrir d'une feuille de papier
d'aluminium au besoin.

6. Retirer du four et laisser reposer
10 minutes avant de servir.

Méli-mélo de légumes et saumon fumé sur pâte soufflée

Préparation : **15 minutes** • Cuisson : **25 minutes** • Quantité : **4 portions**

3 œufs

125 ml (½ tasse) de lait

2,5 ml (½ c. à thé) de cari

125 ml (½ tasse) de farine

30 ml (2 c. à soupe) d'huile d'olive

1 oignon émincé

1 courgette en dés

1 poivron rouge en dés

5 ml (1 c. à thé) d'ail haché

Sel et poivre au goût

250 ml (1 tasse) de cheddar râpé

1 paquet de saumon fumé de 140 g

1. Préchauffer le four à 220 °C (425 °F).

2. Dans un bol, fouetter les œufs avec le lait et le cari.

3. Incorporer la farine progressivement en fouettant, jusqu'à l'obtention d'une pâte lisse.

4. Beurrer une assiette à tarte de 20 cm (8 po) et y verser la pâte. Cuire au four 15 minutes.

5. Dans une poêle, chauffer l'huile à feu moyen. Faire dorer les légumes et l'ail 1 minute. Assaisonner.

6. Répartir la moitié du cheddar, les légumes et le saumon fumé sur la pâte cuite. Couvrir avec le reste du cheddar et cuire au four de 10 à 15 minutes.

Frittata au poulet, cheddar et brocoli

Préparation : **15 minutes** • Cuisson : **25 minutes** • Quantité : **4 portions**

½ brocoli taillé
en petits bouquets
....
8 œufs
....
125 ml (½ tasse)
de crème sure
....
375 ml (1 ½ tasse)
de cheddar râpé
....
Sel et poivre au goût
....
30 ml (2 c. à soupe)
d'huile d'olive
....
1 oignon haché
....
500 ml (2 tasses)
de poulet cuit
et coupé en dés
....

1. Préchauffer le four à 190 °C (375 °F).

2. Dans une casserole d'eau bouillante salée,
cuire le brocoli 3 minutes. Égoutter.

3. Dans un bol, fouetter les œufs avec
la crème sure et le cheddar. Assaisonner.

4. Dans une grande poêle allant au four,
chauffer l'huile à feu moyen. Cuire l'oignon
1 minute. Ajouter le poulet et le brocoli.

5. Retirer du feu, puis verser les œufs
dans la poêle.

6. Cuire au four sur la grille du centre
de 25 à 30 minutes, jusqu'à ce que les œufs
soient pris et que le dessus de la frittata soit
légèrement doré.

C'est meilleur avec du fromage

Pourquoi se limiter

à gratiner les plats tout-en-un,

les omelettes et les sandwichs ?

On sort des sentiers battus

et on réinvente nos plats

du quotidien en y intégrant

de délicieux fromages.

On gratine saumon, côtelettes

de porc, escalopes de veau…

et même nos desserts !

Parce qu'on raffole du fromage

sur tout, tout simplement !

Filets de saumon gratinés aux amandes

Préparation : **10 minutes** • Cuisson : **12 minutes** • Quantité : **4 portions**

250 ml (1 tasse)
de cheddar râpé
....
125 ml (½ tasse)
d'amandes en bâtonnets
....
60 ml (¼ de tasse)
d'aneth frais haché
....
15 ml (1 c. à soupe)
de poivre rose
....
4 filets de saumon, sans peau

Sel et poivre au goût
....

1. Préchauffer le four à 205 °C (400 °F).

2. Dans un bol, mélanger le cheddar avec les amandes, l'aneth et le poivre rose.

3. Déposer les filets de saumon sur une plaque de cuisson tapissée d'une feuille de papier parchemin. Répartir la préparation aux amandes sur les filets de saumon. Saler et poivrer.

4. Cuire au four de 12 à 15 minutes.

J'aime avec...

Riz basmati aux épinards

Rincer et égoutter 250 ml (1 tasse) de riz basmati. Déposer dans une casserole avec 500 ml (2 tasses) d'eau salée. Porter à ébullition. Couvrir et cuire à feu doux-moyen de 13 à 15 minutes. Ajouter 250 ml (1 tasse) d'épinards émincés et poursuivre la cuisson 5 minutes. Au moment de servir, parsemer de 2 oignons verts émincés.

Raclette au four dans sa cassolette

Préparation : **15 minutes** • Cuisson : **8 minutes** • Quantité : **4 portions**

16 pommes de terre grelots
....
15 ml (1 c. à soupe)
d'huile de canola
....
1 oignon émincé
....
Sel et poivre au goût
....
125 ml (½ tasse) de poivrons
rôtis, égouttés et émincés
....
12 tranches de rosette de Lyon
....
8 tranches de jambon fumé
....
8 tranches de fromage
à raclette
....

1. Couper les pommes de terre en quatre et les déposer dans un plat allant au micro-ondes. Ajouter un peu d'eau dans le plat et couvrir d'une pellicule plastique. Cuire 8 minutes au micro-ondes à haute intensité.

2. Préchauffer le four à 205 °C (400 °F).

3. Dans une poêle, chauffer l'huile à feu moyen. Faire revenir l'oignon et les pommes de terre de 2 à 3 minutes. Assaisonner.

4. Répartir l'oignon, les pommes de terre, les poivrons, la rosette et le jambon dans quatre cassolettes. Couvrir de fromage et cuire au four de 8 à 10 minutes.

J'aime parce que...

Pas besoin de sortir le gril à raclette !

Classée *comfort food* par excellence, la raclette remonte le moral à coup sûr ! On adore la texture du fromage fondu qui se mêle au jambon, aux pommes de terre et autres bons petits légumes. Vous vous léchez déjà les babines, mais vous n'avez pas de gril à raclette sous la main ? Qu'à cela ne tienne, on a créé pour vous cette recette de raclette tout-en-un à cuire au four et qui, en prime, se prépare en 15 minutes !

Escalopes de veau aux champignons

Préparation : **15 minutes** • Cuisson : **7 minutes** • Quantité : **4 portions**

45 ml (3 c. à soupe)
de beurre
....
10 champignons émincés
....
1 oignon haché
....
45 ml (3 c. à soupe)
de farine
....
375 ml (1 ½ tasse) de lait
....
Sel et poivre au goût
....
15 ml (1 c. à soupe) d'huile
de canola
....
4 escalopes de veau de 150 g
(⅓ de lb) chacune
....
180 ml (¾ de tasse)
de cheddar râpé
....

1. Dans une casserole, faire fondre le beurre à feu doux-moyen. Faire dorer les champignons et l'oignon de 2 à 3 minutes.

2. Ajouter la farine et remuer. Verser le lait et porter à ébullition en remuant. Assaisonner.

3. Préchauffer le four à la position « gril » (*broil*).

4. Dans une poêle, chauffer l'huile à feu moyen. Saisir les escalopes de 1 à 2 minutes de chaque côté.

5. Déposer les escalopes dans un plat de cuisson. Napper de sauce aux champignons et couvrir de cheddar.

6. Faire gratiner au centre du four de 3 à 4 minutes.

J'aime avec...

Spaghettinis au pesto et asperges

Dans une casserole d'eau bouillante salée, cuire 300 g de spaghettinis *al dente*. Ajouter 4 asperges coupées en tronçons dans la casserole 2 minutes après le début de la cuisson des pâtes. Égoutter. Remettre les pâtes et les asperges dans la casserole. Incorporer 30 ml (2 c. à soupe) de pesto aux tomates séchées. Saler et poivrer au goût.

Galettes de bœuf à la mexicaine

Préparation : **15 minutes** • Cuisson : **15 minutes** • Quantité : **4 portions**

POUR LES GALETTES :

250 g (environ ½ lb)
de bœuf haché mi-maigre
....
250 g (environ ½ lb)
de veau haché mi-maigre
....
60 ml (¼ de tasse)
de flocons d'avoine
....
30 ml (2 c. à soupe)
de coriandre
fraîche hachée
....
1 œuf
....
1 oignon haché
....
Sel et poivre au goût
....

POUR LA GARNITURE :

80 ml (⅓ de tasse)
de sauce tomate
....
60 ml (¼ de tasse)
de sauce chili
....
375 ml (1 ½ tasse)
de mozzarella
ou de cheddar râpé
....

1. Préchauffer le four à 230 °C (450 °F).

2. Dans un bol, mélanger ensemble les ingrédients des galettes. Façonner 8 galettes avec environ 80 ml (⅓ de tasse) de préparation pour chacune d'elles.

3. Déposer les galettes sur une plaque de cuisson tapissée d'une feuille de papier parchemin.

4. Dans un autre bol, mélanger la sauce tomate avec la sauce chili.

5. Répartir la sauce sur les galettes et parsemer de fromage.

6. Cuire au four 15 minutes, jusqu'à ce que l'intérieur des galettes ait perdu sa teinte rosée.

J'aime avec...

Pommes de terre grelots rôties au four

Couper en quatre 16 pommes de terre grelots. Mélanger avec 15 ml (1 c. à soupe) d'épices italiennes et 30 ml (2 c. à soupe) d'huile d'olive. Saler et poivrer. Déposer les pommes de terre sur une plaque de cuisson tapissée d'une feuille de papier parchemin. Cuire au four 20 minutes à 230 °C (450 °F).

Côtelettes de porc au gruyère

Préparation : **15 minutes** • Cuisson : **10 minutes** • Quantité : **4 portions**

60 ml (¼ de tasse)
de beurre
....
45 ml (3 c. à soupe)
de farine
....
500 ml (2 tasses) de lait
Sel et poivre au goût
....
125 ml (½ tasse)
de gruyère râpé
15 ml (1 c. à soupe)
d'huile d'olive
....

1 casseau de champi-
gnons émincés
....
125 ml (½ tasse)
d'amandes effilées
....
1 oignon haché
15 ml (1 c. à soupe)
de persil frais haché
....
5 ml (1 c. à thé)
de romarin frais haché
....
4 côtelettes de porc
....

1. Dans une casserole, faire fondre le beurre à feu moyen. Incorporer la farine et cuire 1 minute. Verser le lait et porter à ébullition en fouettant. Saler et poivrer. Incorporer le gruyère. Retirer du feu.

2. Dans une poêle, chauffer l'huile à feu moyen. Cuire les champignons avec les amandes et l'oignon de 2 à 3 minutes. Ajouter le persil et le romarin. Transférer la préparation dans une assiette.

3. Préchauffer le four à la position «gril» *(broil)*.

4. Dans la même poêle, cuire les côtelettes de porc 2 minutes de chaque côté.

5. Déposer les côtelettes dans un plat allant au four. Couvrir de la préparation aux champignons et napper de sauce. Placer le plat au four et faire gratiner de 3 à 4 minutes.

Enchiladas au veau

Préparation : 10 minutes • Cuisson : 20 minutes • Quantité : 4 portions

30 ml (2 c. à soupe)
d'huile d'olive
....
450 g (1 lb) de veau
haché mi-maigre
....
1 oignon haché
....
1 poivron jaune
coupé en dés
....
500 ml (2 tasses)
de sauce tomate
....

1 sachet d'assaisonne-
ments pour burritos (de
type Old El Paso) de 45 g
....
8 petites tortillas
....
250 ml (1 tasse) de
mélange tex-mex
de fromages râpés
....

1. Dans une poêle, chauffer l'huile à feu
moyen. Cuire le veau haché 3 minutes,
jusqu'à ce que la viande ait perdu sa teinte
rosée. Retirer l'excédent de gras.

2. Incorporer les légumes, le tiers de la sauce
tomate et les assaisonnements pour burrito.
Cuire 10 minutes.

3. Préchauffer le four à 205 °C (400 °F).

4. Verser le tiers de la sauce tomate dans un
plat à gratin de 33 cm x 23 cm (13 po x 9 po).
Répartir la préparation de viande au centre
des tortillas et rouler. Placer les tortillas dans
le plat, joint dessous. Napper avec le reste
de la sauce tomate et parsemer de fromage.

5. Couvrir d'une feuille de papier d'aluminium et cuire au four de 10 à 15 minutes.

6. Retirer la feuille de papier d'aluminium
et faire gratiner à la position « gril » (*broil*).

Gratin de poires et framboises

Préparation : **10 minutes** • Cuisson : **4 minutes** • Quantité : **4 portions**

4 poires bien mûres
....
250 ml (1 tasse)
de framboises
....
1 contenant de mascar-
pone de 275 g
....
15 ml (1 c. à soupe)
de zestes de citron
....
80 ml (⅓ de tasse)
de sucre
....
45 ml (3 c. à soupe)
de lait
....
4 à 5 gouttes de vanille
....
80 ml (⅓ de tasse)
d'amandes tranchées
....

1. Peler et couper les poires en quartiers.

2. Répartir les quartiers de poires dans quatre ramequins. Déposer les framboises sur les poires.

3. Préchauffer le four à la position «gril» (*broil*).

4. Dans un bol, mélanger le mascarpone avec les zestes, la moitié du sucre, le lait et la vanille. Verser sur les fruits.

5. Garnir d'amandes et saupoudrer du reste du sucre.

6. Faire griller au four 4 minutes, jusqu'à ce que la surface soit dorée.

Tarte pommes-cheddar sur pâte soufflée

Préparation : **20 minutes** • Cuisson : **25 minutes** • Quantité : **de 6 à 8 portions**

POUR LA GARNITURE :

2 pommes Délicieuse
jaune
. . . .
30 ml (2 c. à soupe)
de beurre
. . . .
125 ml (½ tasse)
de sirop d'érable
. . . .
60 ml (¼ de tasse)
de crème sure
. . . .
1 pincée de cannelle
. . . .
250 ml (1 tasse)
de cheddar râpé
. . . .

POUR LA PÂTE SOUFFLÉE :

3 œufs
. . . .
125 ml (½ tasse) de lait
. . . .
125 ml (½ tasse) de farine
. . . .
15 ml (1 c. à soupe)
de beurre
. . . .

1. Peler et couper les pommes en quartiers.

2. Dans une poêle, faire fondre le beurre à feu moyen. Cuire les pommes de 2 à 3 minutes.

3. Verser le sirop d'érable et faire caraméliser de 2 à 3 minutes.

4. Ajouter la crème sure et la cannelle. Cuire jusqu'à ce que la préparation ait réduit de moitié. Retirer du feu et laisser tiédir.

5. Préchauffer le four à 220 °C (425 °F).

6. Dans un bol, fouetter les œufs avec le lait. Incorporer la farine.

7. Déposer le beurre dans un moule rond de 20 cm (8 po) et faire fondre le beurre au four de 3 à 4 minutes.

8. Sortir le moule du four et y verser la préparation.

9. Cuire au four de 10 à 15 minutes.

10. Garnir du mélange aux pommes et au cheddar. Remettre au four et cuire 15 minutes. Servir avec du sirop d'érable.

Index des recettes